充実した大学生活のために

先人の智恵に学ぶ

岩附正明 著

大学教育出版

はじめに

大学に入学して新しい生活を始めたとき、期待と不安が入り交じった気持ちになることが多いと思います。これから大学で進んだ知識を勉強しようという弾んだ気持ちになる一方で、それまでの受験勉強の重圧から解放されて、ちょっとゆっくりしたいという気持ちもあるかもしれません。これまでの受験勉強に明け暮れた生活から、授業に受け身で出席するだけの大学生活を始めるかもしれません。しかし、授業に真剣に取り組まないと、学力は向上するどころか、どんどん低下します。脳は筋肉と同様に使わないとどんどん退化して、廃用症候群になってしまうのです。

そのことは、しばらくすると何となくこれでよいのかと、不安な気持ちがふくらんで実感することが多いのではないかと思います。いわば大学生活に自信が持てなくなった状態です。これまではレールがしっかり引かれていて、受け身でもそれに乗っていけば済んだものが、大学ではほっぽり出されたように感じるでしょう。大学では自ら学ぶ「大人」として扱われ、手取り足取り指示されません。この高校時代と大学時代の違いをはっきり認識して行動することが、大学生活を充実したものにする上で重要です。

この大学の、この学部・学科に入学したということは、人生の一つの選択をしたことではありますが、具体的に将来何をするか決めている人はあまり多くないでしょう。しかし、大学の三年生後半から四年生初めには、早くも今後の進路の選択を迫られることになります。それは自分の人生に大きく影響しますから、納得できる進路を選びたいものです。しかし、かなり多くの学生の皆さんが、その時自分が何をしたいか、どんな基準で進路を選択すべきかについて十分な考えを持っておらず、進路の選択や就職活動に自信が持てない状態であることが多いように見受けられます。そして、友達や社会の雰囲気に流されて、何となく進路を選んでしまうのが実情ではないかと思います。これは大変残念なことです。一つには、物事の見方や人生の生き方について深く考えてこなかったことを示しているように思われます。大学時代は、授業時間以外は自由度がありますし、さまざまなしがらみの少ない時期であり、これから自らの人生の道を選択するときですから、人生の生き方、そしてそれを裏付ける物事の見方について深く考える非常によい時期です。人生について自分なりの考えを持てれば、納得できる進路を自信を持って選ぶ上で大きな力となるでしょう。

本書では、充実した大学生活のために、日々をどのように過ごすかについて、先人の智恵に学びつつ、私の拙い経験に基づいて提言しました。物事の見方と人生の生き方について、先人の智恵から私たちは何を学ぶことができるか、そして私は学生の皆さんに何を伝えたいかを示しました。私自身、長年にわたり大学で専門教育に携わってきましたが、大学生活の過ごし方や物事の見方・人生の生き方について、これまで学生の皆さんに十分伝えて来なかったと反省せざるを得ません。そこで、学生の皆さんにこれらについて、是非考えてほしいことを書き記し、併せて自分自身に対する反省と戒めの指針にしたいと考えました。

先人の智恵から何を学ぶか、大学生活をどのように過ごすべきか、人生をいかに生きるべきか、物事をどのようにとらえるべきかには、もとよりさまざまな見方・とらえ方・考え方があります。また、新たな見方が必要になることもあります。さまざまな見方の中で何を選択するかが極めて重要です。ここでは主な見方を参照しつつも、私が望ましい・大事にしたいと考える一つの見方を提示しました。多くの先人の智恵に学ぶとともに、私なりの新たな見方も示しました。本書では、前半は大学生活の過ごし方について、後半は物事の見方・人生の生き方について、併せて一五の章に分け、それぞれ四〜一五項目、計一〇〇項目を挙げました。どの項目から読んでいただいてもかまいません。各項目の内容が長い場合には、初めに要点を細ゴシック体で示し、その後に詳しい説明を示しました。もとよりこれは完全なものではありません。ある見方を心の底から納得できるには、感情に訴えるだけでなく、はっきりした論拠が必要でしょう。本書では、その見方をきちんと批判検討できるよう、たとえ自明と思われることでも、できるだけその根拠を示すように努めました。

ご批判ご意見をいただければ誠に幸いです。また、これが自信を持って充実した大学生活を過ごし、そしてより良き人生を生きるためにほんの少しでもお役に立てば、著者の望外の喜びです。

二〇〇九年一月

岩附　正明

充実した大学生活のために

――先人の智恵に学ぶ――

目次

第9章 〝いのち〟と人間について……68

第1章 大学について

1 大学は自ら学ぶ場、最も勉強しやすい環境を提供するところ

大学時代に多くのことを体験するのはよいが、最も重要なのは勉強である。大学は最も勉強しやすい環境であり、勉強しなければもったいない。自らの意志で学ぶために大学に来ていると見なされるので、その自覚が必要である。

受験勉強の重圧に悩まされたためか、大学に入学したらゆっくりしたいと考える学生は多いように見受けられます。大学祭のパンフレットで、学生代表の挨拶文に「近年、大学生活の四年間は遊ぶ時間だと思われています。このことに関して私も否定しません。バイトに勉強、旅行にコンパ、恋愛に友情と、どれも重要。…今だから多くのことを体験したい」とありました。

大学時代は青春時代のまっただ中、非常に貴重な時期です。その大学生活の四年間は遊ぶ時間ではなく、勉強する時間です。多くのことを体験することは大変結構なことですが、重要性が違います。大学生活は勉強を抜いたら成り立ちません。勉強を抜いたら、大学に来なくても体験できます。大学は、最も勉強しやすい環境を学生の皆さんに提供しているはずです。勉強しなければもったいないのです。

皆さんは高校までは「生徒」と呼ばれたはずですが、大学では「学生」です。これは単に年の差による呼び方の違いではなく、性格の違いを示しているはずです。高校までは「教育を受ける者」として生徒と呼ばれたのに対し、大学では「学ぶ者」として学生です。大学では、学生の皆さんは自らの意志で学ぶため、勉強するために大学に来ていると見なされます。一般に、学生の自主性を重んじて、あまり細ごまと指示はしません。もちろん、講義・演習・実験にゼミ、図書館その他の学習資料等、さまざまなサポートを受けられ、分からないことは質問や相談すれば、教えたりアドバイスしてくれるでしょう。しかし、学生の皆さん自身が動かなければ何事も始まりません。自由がありますが、自分に責任が求められます。自ら学ぶ意欲を持たなければ、大学は最も遊びやすい環境でもあるのです。周りの友人を見て、みんな遊んでいるからこれで良いと思ったら大間違いです。あなたの周囲がたとえそうであっても、それは日本だけの特殊事情と考えるべきです。欧米やアジアの国ぐにの大学生は非常によく勉強しています。自ら学ぶ意欲を持つか持たないかが、四年後には入学した大学の差などよりはるかに大きな力の差をもたらします。

辞書では、大学とは「最高の学術をさずけ、また研究する学校」（新選国語辞典）、「社会の第一線に立つべき人を養成する学校」（新明解国語辞典）、「学術の研究及び教育の最高機関」（広辞苑）などとあります。これらは大学のさまざまな側面を表していると言えます。大学は最高レベルの学術を目指して勉強し、教育し、研究する場と言ってよいでしょう。

2 大学の授業は勉強の一つのきっかけ、その先をさらに自分で勉強する

大学の勉強は、これまでの高校の勉強と違うのでしょうか。大学の勉強は高校の勉強より楽だと考えるとしたら、これは明らかに間違いです。確かに、受験に役立つ勉強をしなければならないという重圧からは解放されますが、勉強の内容は当然高校の勉強の内容の先を行くものです。それでは、高校より内容が少し高度になったのが主な違いでしょうか。高校までの勉強は、授業で聞いたことをよく理解し、覚えればよかったでしょう。正解がただ一つあって、それを覚えればよかったでしょう。しかし、大学の勉強は授業で聞いたことをただ覚えればよいというのではありません。

現実には正解がただ一つとは限りませんし、分かっていないことだって多いのです。

大学の授業は勉強の一つのきっかけです。その先をさらに自分で勉強するのが、大学の勉強です。与えられるのを待っていたのではだめで、自ら進んで学ぶのが大学らしい勉強です。教員は分かりやすく講義する努力を要求されるのは当然ですが、予習も復習もせず、授業中もノートやメモを取らず、質問もせず、漠然と講義を聴いていて、理解できるような安易なものではありません。高校で行ったように、まず予習や復習をしたり、ノートやメモを取ったりすれば、分かったことと分からないことがはっきりします。受け身で教えてもらえるのを待っているのでなく、分からないことは積極的に質問することが大事です。大学では、さらにその先を自分で勉強する、講義や教科書をただ丸呑みにするのでなく、本質をつかめるように、なぜそうなのかを考え、あるいは批判し、自分なりに整理し、体系立てることを目指す、それが本当に大学らしい勉強です。丸呑み・丸暗記の知識は応用が利きませんが、本質をつかんだ知識は発展性があり、いろいろなことに応用が利き、大いに役立ちます。

3 大学時代は物事の見方を広げ、人生の生き方を学ぶ好期

大学時代は、それまで地元やその周辺に限られていた活動範囲を大きく広げるときですし、それとともに、視野を広く世界にまで開くべき時期です。また、大学の三年生後半には、大学卒業後の進路の選択を迫られることになります。それは自分の人生を左右するものですから、おろそかにできません。そのとき、人生の生き方についてしっかり考えていれば、一生の仕事としてしたいことを見つける上で、大きな力となるでしょう。大学生活では、授業時間の制約はありますが、それ以外では自分の自由に使える時間が多くあります。また、大学の一年次・二年次には幅広い教養科目が用意されています。このようなことから、大学時代は物事の見方を広げ、鍛え、そして人生をいかに生きるかについて深く学び考える絶好の時期です。

古くから人々の間で言い伝えられてきた「ことわざ」や、優れた人物の残した「名言」は、人間生活の経験の結晶です。これらには、物事の見方についての鋭い観察や、私たちが人生の生き方を考える上で、学ぶべき多くの智恵が含まれています。ただし、注意すべきは、これらは物事の一側面を端的に表現したものであるということです。「大は小をかねる」と「しゃくしは耳かきにはならぬ」などのように、互いに矛盾することわざもあります。どちらが間違っているというわけではな

く、前者が当てはまる場合と後者が当てはまる場合があるのです。現実に使える智恵とするには、実際の場合にふさわしい情報を選び出す必要があるわけです。今日私たちは、書籍だけでなく、マスメディアやインターネットなどから、少し努力すれば多くの情報を得られるようになってきましたが、それらの情報は玉石混淆（優れたものとつまらないものが混じって区別がない）です。その中の真実をとらえた情報を選び出すことは容易ではありません。間違った情報に基づいて考え、そして行動すれば、その先に犠牲や苦しみが待っていることになります。多くの情報の中から、真実をとらえた智恵を学び取り、そして実際に使える形にすることが大事です。本書の後半では、物事の見方と人生の生き方について考えたいと思います。

4　自分の一生の仕事を見つけ、そのための基礎的な力を身につける

大学三年生後半に、大学院に進学するのか、就職するのか、就職するならどんなところか、進路の選択を迫られたとき、納得できる進路を是非選びたいものです。それには、前項の自らの人生の生き方を学び考える中から、自分に合った、納得できる進路を選ぶことが大事です。

幸い納得できる自分の一生の仕事を見つけることができたとしても、もちろんそれで実現できるわけではありません。その志望する仕事を現実のものとするには、その方向に進むために必要な基礎的な力を身につけることが是非必要です。その仕事をするための実践的な知識は、その仕事に就いてからでも十分身につけることができるでしょう。しかし、そのための基盤となるような基礎的な知識や能力は、仕事に就いてからでは遅すぎます。そのような基礎的なことについては、会社などの就職先は教育や研修をほとんど行わないでしょうし、そもそも採用をしてくれないでしょう。そのような基礎的な力は、是非大学時代に身につける必要があります。それが大学時代になすべき最大の課題であり、一生を歩む上で、大事な基盤となります。

しかし、自分の一生の仕事を見つけられない場合も少なくないでしょう。それでも、いくつかの候補を挙げたり、あるいは大ざっぱな方向性は見つけたいものです。そして、それに必要かもしれないような基礎的な力を大学時代に身につけておけば、将来さまざまな仕事で試行錯誤を重ねる中で、きっと役に立つはずです。

第2章　授業と勉強について

5　知的好奇心を持ち、楽しんで継続的に勉強する

勉強を効率的に行うには、何より意欲が大事です。それには、知的好奇心を持ち、楽しんでやることです。そうすればドーパミンが放出されて、脳の働きが活性化し、集中力が高まり、効率が格段に向上します。分からなかったことが分かること、新しいことを知ることは心の世界が広がり、大変楽しいことです。言われたことや書いてあることをただそのまま受け流すのでなく、なぜそうなのか、他に考えられないか、何かに応用できないかなど、疑問を抱いて、クイズ感覚でそれに答えていくなどすれば、大いに楽しんで勉強できます。そのような楽しいことは、またやりたくなります。つまり継続的に勉強でき、それは積み重なって、大きな成果となって実を結びます。このよ

うにして勉強で得た知識や考え方が、自分の心を豊かにしてくれるとともに、いつか仕事や身近な生活で大いに役立つときがあります。「楽しみ」と「継続」は勉強に対する大きな力となり、「心を豊かにし、そして役立つ」という大きな成果を生むのです。

6　短時間でも予習をする

授業時間は、大学生活の中で大きなウェイトを占め、勉強する貴重な時間です。また、しばしば一定割合（たとえば2／3）以上の授業への出席が、単位取得に欠かせない定期試験受験の要件にもなります。それを無駄に過ごすことは大変もったいないことです。授業から学べることを十分学び取ることが大事です。それには授業内容についてよく聞き取れるように、短時間でよいから予習をすることです。あらかじめ、授業内容について簡単でよいから予備知識があると、ずっと聞き取りやすくなります。予習で、何か知りたいことや疑問に思うことが見つかれば、授業に関心がわき、さらによいでしょう。

7 授業中に理解するべく聞き耳を立ててメモをとり、不明な点は質問する

授業では教員から内容を説明されるわけですから、自分で読むよりそれを聞き取る方がはるかに楽で、効率がよいはずです。したがって、授業を最大限に生かすべきです。話の内容を理解するべく聞き耳を立てます。その時、ポイントをメモにとったり、ノートにとると理解が進みやすいものです。耳だけでなく、目を使い、手を動かすことによって、記憶がずっと強くなるとともに、後で復習しやすい利点があります。不明な点があれば、遠慮せずに是非質問したいものです。日本の大学では通常質問が非常に少ないですが、欧米の大学ではるかによく質問されるといわれています。

8 その日に復習し、疑問点は調べて明確にする

授業時間中にすべて理解できないことも多いでしょう。その日のうちに復習し、疑問点はそのままにせず、調べ考えてはっきりさせることが大事です。短時間でもよいから、授業の記憶が鮮明な

うちに復習すると、記憶が増強され、試験前に改めて勉強するよりはるかに効率がよいものです。もちろん、調べても疑問がすぐ解決しないこともあります。それは、次回の授業で質問するとよいでしょう。それでもなお、完全にはすっきりしない点が残るなら、疑問点としてはっきり認識し、将来的に解明したい目標とすればよいでしょう。毎日の予習・復習を続けることは自信につながります。

9　不満な授業は反面教師とする

授業時間は貴重だといっても、不満な授業もあり得ます。授業する側は、当然理解しやすいように努力すべきですが、授業を受ける側も理解できるように努力する必要はあります。しかし、そうしてもなお理解できなかったり、内容が貧弱な授業に対しては、質問をしたり、授業評価アンケートなどで具体的に改善してほしい点を説明して、改善を求めるとよいでしょう。それは教員にとっても授業の効果が高まるわけですから、有益であるはずです。それとともに、そのような不満な授業に対しては、反面教師とすることを勧めます。すなわち、自分ならこういう風に理解する、このように教えると分かりやすいというものを考えるのです。そうすれば、自ら力を付けることができます。

なお、教員も人ですから、長所もあれば短所もあるでしょう。是非長所の部分を学び取り、できるだけ多くのことを得るようにしましょう。また、授業は教員と接触する主要な時間ですが、授業で話されることは教員の持つ力の一部に過ぎません。授業以外でも教員と積極的に接触することを勧めます。きっと、授業とは異なる面で学び取ることができるでしょう。

10 根底の考え方を学び取り、自分で論理の筋道を組み立てる

授業で聴いたり、本で読んで学んだことを実際に使えるようにするには、話をそのまま丸飲みするのでなく、その根底に流れている考え方を学び、自分で論理の筋道を組み立てることが大事です。授業や本にもよりますが、話の内容は現象的知識であることが多いでしょう。そのような知識ももちろん必要ですが、さらに、なぜそうなるのか、その考え方を知り、本質的な説明までできれば、その応用範囲は格段に広がり、その知識が生きてきます。したがって、現象的な知識に対しても、

その根底にある考え方を学び取って、自らその本質をつかむ努力をすることが、その知識を生かす上で非常に重要です。

11　得意分野を作り、最高レベルを目指そう

卒業のためには、所属学科の専門科目だけでなく、語学やさまざまな教養科目の単位取得が必要であり、そのような幅広い分野についても、一通りの勉強は欠かせません。しかし、これだけは誰にも負けないという、自分の最も得意とする分野、専門分野を是非作りたいものです。自分が好きなこと、関心が高いこと、寝食を忘れて熱中できることに結びつけるとよいでしょう。その分野に関しては、講義の範囲に止まらず、さらに教員に教えを請うたり、さまざまな所にある資料を調査し研究するのです。そして、教えを受けた教員をも凌駕するべく、最高レベルを目指すのです。そうすれば、勉強の仕方、深く調査研究するための手法を自分なりに身につけることができ、社会に出たときに大きな力になります。また、そのような得意分野は大きな自信となり、自らの道を切り開いていくとき、強力な支えになります。

第3章　部活と友情について

12　持つべきは良き友、一生の友

良き友は人生を豊かにしてくれる有り難いものである。

大学時代に特に持ちたいのはよき友、真の友です。友との交流・ふれあいは人生を豊かにしてくれます。自分の気持ちを伝え、相手の気持ちを感じることができます。楽しいときはもっと楽しくしてくれ、悲しいときは悲しさを和らげてくれます。また、自分とは違った考え方・生き方に触れることができ、自分の考え方、生き方をふくらますことができます。友は人生のさまざまな時期、さまざまな場所で得ることができますが、大学時代は特に一生の友を得るのに好適です。同じ専門を目指して机を並べて勉強する学友がいます。また、同じ興味や関心を持って活動する部活の友人も作れます。さらに、書物に親しめば、その中にも得ることができます。このような友人は、一生の友となり得る人たちです。「友情は喜びを増し、悲しみを分かつ」（イギリスのことわざ）。「友人は金より勝る」（フランスのことわざ）。

13　部活やサークル活動で友人との交流を

授業の他に、自分の好きな、あるいは関心のある部活やサークル活動に参加するのはよい経験になります。部活やサークル活動では、興味のあるスポーツなり、文化活動のレベルを上げる楽しみを持つとともに、友人との交流に大きな意義があります。同じクラスの学友に限らず、学部の異なる友人や、さらには学年の異なる先輩や後輩もでき、交友関係を大きく広げることができます。ときには、部活の行事を通じて、卒業した大先輩と知り合うことも可能です。ただし、部活やサークル活動に熱中し過ぎて、肝心の学業をおろそかにするのは避け、是非勉強との両立を図りたいものです。

14 いじめは卑屈な優越感を得て、人間性と友情を失う

いじめは弱い者を肉体的・精神的に痛めつけるもので、陰湿で非人間的行為である。いじめで得るのはさもしい優越感で、大切な温かい人間性と友情を失う。友情を育み助け合えば、心から楽しく、得られるものがはるかに多い。

いじめは特に中学校や高校で問題となることが多いのですが、大学や一般社会でも起こります。大学の部活や企業の新入社員教育で新人に対するしごきがいじめになっている場合もあります。最近はインターネットを利用したいじめもしばしば起こっています。いじめは当事者には当然よく分かりますが、周囲からは見えにくい形で行われます。そのため周囲の人たちは、いじめを目撃しにくいし、たとえ目撃してもいじめとは思わず、ふざけているとか鍛えていると思ったりします。しかし、現場をきちんと観察すれば、いじめは見分けられます。「ふざけ」は両者がほぼ対等であるのに対して、「いじめ」は、一方が多人数とか、体力や権力・行動力が強いとかにより圧倒的な優位に立ち、他方の弱い者を肉体的・精神的に痛めつけるものです。「鍛える」には、当然必要なやり方と程度がありますが、その限度を逸脱すれば、「いじめ」そのものです。したがって、いじめの本質は、極めて陰湿で、卑怯な非人間的行為であり、犯罪にもなります。いじめる側は軽い気持ちで、

気晴らしにいじめます。そして、いじめる理由について相手が生意気だから、もたもたしているからなど、さまざまな理由を挙げて正当化しようとします。専門家と言われるような人が、いじめられる側には、おとなしい、暗い、孤立している、目立ちすぎるなどの特徴があるなどと説明します。それで、中学生などですと、いじめられる子の親も、お前がいじめられるのは、もたもたしているから、黙っているからだと、いじめられる子にも理由があるように言いがちです。そして、やられたらやり返せ、もっとしっかり頑張れなどと励ましたりします。しかし、これはまったくの誤解です。弱い立場の者を一方的に痛めつけてよい理由などあるはずがありません。いじめられる側の気持ち、そして人権を考えるべきです。たとえ、いじめられる側がもたもたしていようが、しっかりしていないとしても、いじめられる側には責任はまったくないのであって、そのままでいじめを受けないように保証されるべきです。

学校などのいじめが表沙汰になると、とかくいじめられた側のことばかり報道され、いじめた側の方は報道されないことが多いのですが、問題があるのはいじめられる側ではなく、いじめる側であり、変わらなければならないのはいじめる側です。いじめは学校に限らず、競争社会で起きやすい傾向があります。相手の弱い所を見つけて叩き、卑屈な優越感を得て、その代わりに大切な人間性と友情を失うのです。競争も「協力して高め合う」という前提がないとプラスに働かないものです。やたらに競争をあおると、相手を蹴落として優位に立とうとする方向に向かいがちなのです。

周りの者もいじめられる側を擁護するのではなく、自分がいじめられないように、いじめる側について勝ち組になろうとします。弱い者をいじめて優越感を得るのは大変さもしいことです。実際は、いじめる側も傍観する者も、心の奥底では〝いじめ〟に対していやな気分を持っているに違いありません。お互いに友情を育み、助け合うことによって心から楽しい時間を持つことができ、はるかに得るものが多いのです。このことを心に刻むことがいじめをなくす上で重要なことです。

15　出会いと別れを大切に

人生最初の出会いは、生まれ落ちたときの母と子の出会いでしょう。そして、最後の別れは、死です。この間の長い人生には、その時々でさまざまな出会いと別れがあり、人生をさまざまに彩り、豊かにしてくれます。大学に入学して多くの学友と教員に出会い、そして卒業により別れを迎えます。入学と卒業の間にもさまざまな出会いと別れがあります。この出会いと別れが、その後の人生にも大きく関わってきます。出会いは、その人の印象を大きく左右し、その後のつきあいや友情に大きく影響する大事なときです。是非大切にしたいものです。一方、別れはそれでつきあいは終わりだから、どうでもよいかというと、そうではありません。別れたときの印象がそのまま、その後もずっと残ります。長い別れの後に再び出会うこともあります。別れたときの印象が良ければ、友情がよみがえるでしょう。だから、別れのときの印象も出会いのときと同様に大事であり、将来いつかなつかしく再会できるように心がけたいものです。

16 愛は相手を慈しみ、その幸せを願うもの

愛は相手を慈しみ、その幸せを願うものであり、相手に押しつけるものではない。

愛は人生における重要な要素であり、それによって人生を輝かせることができます。愛は親子、兄弟、家族、友人、師弟、異性間など、さまざまな人の間に生まれ得るものですが、特に、親子の愛と異性間の愛は深いものがあります。異性間の恋愛は、その思いが相手に通じればよいのですが、しばしば片思いとなります。ついには、愛が極まって、憎しみに転ずるということも見られます。愛の本質は、相手を幸せにしたいということですから、自分が相手を幸せにしたい、幸せにできることを訴え、示すことが大事でしょう。それを認めてもらうことができないのであれば、一歩下が

って、遠くから幸せを願うことが、その愛を貫く道でしょう。相手に愛を押しつけてはいけない。相手が認めてくれないからといって、相手がいやがることをするのは、その愛が偽りであり、相手を愛しているのではなく、自分を愛していたに過ぎないことを示しています。

第4章 お金とアルバイトについて

17 学費と生活費を最低限確保する

大学生活を送るためには、当然のことながら学費と生活費が必要です。残念なことに、日本はいわゆる先進国の中でも学費はとりわけ高く、また家賃や生活費も高いのが現状です。経済的基盤を持たない学生としては、親の財力に頼ることになりますが、それに頼れない、あるいは不十分であるときには、何らかの方法で工面しなければなりません。

一つには奨学金があります。本来経済力を持たない学生が親の財力に頼らず勉学に励むためには、返還不要の奨学金か、少なくとも本人が将来無理なく返還できるような利用しやすい奨学金制度の充実が是非必要です。しかし、残念ながら日本では教育立国の名に反し、極めて不十分です。とはいえ、日本学生支援機構（JASSO，旧日本育英会）その他の奨学金が不十分ながらもありますので、是非それらを利用するとよいでしょう。

18 将来に結びつくアルバイトを選ぶ

親の仕送りと奨学金では、学費と生活費をまかなえない場合も多いでしょう。その時は通常アルバイトをやることになります。アルバイトは必要な資金を得る手軽な手段ですが、働いてお金を得るよい経験にもなります。アルバイトはお金さえ得られれば何でもよいわけではなく、貴重な時間を費やすのですから、できれば将来の就職と何らかの形で結びつくようなアルバイトを選ぶのが望ましいでしょう。たとえば、教育職を目指すなら家庭教師、営業職を目指すならコンビニやスーパーなどの店員です。理想的なアルバイト先を見つけられない場合も多いと思われますが、お金を得るためとはいえ、少なくとも過重な労働で、勉強時間を失い、健康を害したり、惨めさを味わうようなことは避けるべきです。

一方、アルバイトがおもしろくなって、それにのめり込むのも問題です。アルバイト中心になって、大学に行かなくなるというのは本末転倒です。たとえバイトリーダーなどといって大事にされたとしても、それはあくまで臨時のアルバイトとしてであり、将来が保証されるわけではありません。アルバイトは必要最小限にしましょう。

19　お金は人のためになることをしたしるしにもらうもの

お金（貨幣）は、元々は人が必要とする物を譲ったり、人の役に立つことをしたとき、お礼に渡されるものである。しかし、お金という便利な形ができると、その本来の役割を超えた独自の動きも生じるので、それは防がなければならない。

アルバイトをしたりしてお金を得る苦労をすると、とりわけお金のありがたさが分かります。「お金があれば何でもできる」という考え方があります。確かにお金があれば、かなりいろいろなものを手に入れることができます。しかし、何でも手に入れられるわけではありません。「見せかけの愛」や「うわべの尊敬」は手に入れられても、「真の愛」「心からの尊敬」は、お金では買えません。ここで、お金とは本来どんなものかを考えてみることは有意義なことと思われます。

お金（貨幣）は本来、人が必要とする物を譲ったり、人の役に立つことをしたとき、お礼に渡されるものです。物物交換では、お互いに必要とする物と交換できる物がうまく適合することは容易ではありません。そこで、当初は持ち運び保存でき、誰でも必要として価値を認める物、米、布、貝などに一旦交換されました。それが交換にもっと便利な金や銀の貨幣になり、さらにその代用として、交換価値を保証された硬貨や紙幣が用いられるようになったわけです。人の役に立つことをした場合も同様です。助け合いをお金に換えることによって、助け合いを直接行った相手だけでなく、社会全体に広げられ、非常に便利になります。すなわち、お金は人びとが必要とする物を融通し合ったり、助け合うことを社会全体に広げるための便利な手段として生まれたといえます。お金は目的ではなく、助け合いの輪を大きくスムーズに広げるための手段にすぎないのです。

しかし、お金という持ち運びやすく、しかもさまざまなものに換えられるという便利な形ができ、それで物を買ったり、サービスを受けることが当たり前になると、その本来の役割が忘れられ、人間が分業によって助け合っているという意識が希薄になります。さらに、その本来の役割を超えた新たな独自の動きが生じます。お金は人のためになることをしたしるしにもらうものという本来の役割なしにお金を手に入れて、その「便利さ」だけを享受しようとする動きです。貨幣の発行権限を持った権力者が勝手に貨幣を増刷して使えば、たちまち貨幣の価値が下がってしまいます。このことは歴史上繰り返されました。また、お金を盗んで手に入れたり、お金を偽造したりということが起こります。これらはもちろん犯罪として防止の対象になりますが、さらに問題なのは、事業としてただお金を動かして巨額の利益を稼ぐマネーゲームやギャンブルが横行することです。最近はインターネットが広く普及し、これを使った投資の売買を短期間に頻繁に繰り返してその株価差益を稼ぐことや、為替差益をねらうことも行われます。ここでは社会に貢献する事業を資金面で応援するという本来の投資の役割をまったく見失って、自分の金儲けだけを意図しています。このようなお金の本来の役割を伴わないような動きは、社会全体として資産を増やすものではなく、他の人びとのお金をかすめ取っていると言ってもよいでしょう。このような社会に何の貢献もしない金儲けはやめるべきです。また、このような取引で金儲けできる保証はなく、逆に大損する可能性もあります。貴重な時間を費やす対象ではありません。なお、このような本来の役割をはずれたお金の動きは防がなければならず、それは社会の執行機関である政府・自治体の責任でしょう。

20　安易な金儲け話には乗らない

お金の工面に苦労したりすると、簡単に金儲けできることはないかと思ったりするかもしれません。簡単な仕事で高い報酬が得られるとか、少しの資金で高率の利息が見込めるなどという、うまい話がビラや電話でささやかれることが結構あります。そういう話は決まって、そのための教材費だとか申し込み費用だとか、まず直ちにかなりの金額の支払いを求められます。このような安易な金儲け話は詐欺と考えてよく、その話に乗れば、大きな損害を被ることになります。初めは実際に金儲けができたとしても、一度話に乗れば、手を変え品を変え、次々に話を繰り出して、おかしいと気が付いたときは既に遅く、多大な損害だけが残ることになります。そもそも、そのようなうまい話が本当なら、それを赤の他人にわざわざ知らせるはずはありません。そのような金儲け話を他人にしてくるのは、自分たちにこそ大きな利益があるからです。人のため世のため相応の貢献をすることなく、楽をして大儲けしようというのは、そもそも大きな考え違いです。お金を儲けたいなら、人のため世のため役立つことをするのが本筋です。金儲け話に限らず、うま過ぎる話には注意が必要です。

21 ジャンボ宝くじは金儲けには向かない

宝くじは元々寄付金集めの目的で販売されるので、ほとんどの人は当たらず、発売元に寄付をするだけで、金儲けはできない。ごく少数の人がたまたま当たって巨額の賞金を手に入れても、何の貢献もなく得たお金だから、身に付かないことも多い。

宝くじにも地域医療等振興自治宝くじのように、賞金が数十万円のものもありますが、ジャンボ宝くじでは賞金が巨額化して、数千万円・数億円もの賞金が当たるかのように宣伝して行われています。しかも、その元々の「寄付金集め」という目的を不明確にして、「でっかい夢を当てよう」などと言って販売されます。しかし、このような巨額の賞金を当てるのは「夢」というより、「幻想」に近いものです。このようなやり方は、お金の本来の役割を著しくはずれたものです。たまたま数億円もの賞金を当てた人は、それに見合った貢献をしたのでしょうか。したことは「くじ券」を購入して、発売元（地方自治体）に数百円の寄付をしたということ、しかも寄付をしたという意識なしにです。この賞金はどこから出たかと言えば、同じように寄付したという意識なしに、「くじ券」を購入した多数の人たちのお金です。こつこつと働いて努力して得たのではない、通常は一生かかっても貯められないようなこの巨額の賞金は、身に付かず、有効に使われないことも多いだけでなく、その後の人生を狂わせてしまうこともあります。一方、ほとんどの人は、その意識なしに発売元にお金を寄付したのです。人のため世のために何の貢献をすることもなく、巨額のお金を手に入れようとする考えが間違いの元です。

一等の賞金が数億円もの巨額になると、夢が「でっかい」だけでなく、何となく当たる確率も高くなるような感じを持つかもしれません。しかし実際は、その巨額を手に入れるのは全体の内のごくわずかの人であり、他のほとんどの人たちの当たる確率は賞金額が巨額になるほど小さくなります。このような宝くじのやり方は、錯覚の手法を利用した騙しに近いと言われても仕方ありません。自治体が寄付を集める必要があるなら、そのことをきちんと明示すべきです。それでは寄付が集まらないなら、やり方を工夫します。当選金額をもっと少額にして、人数を大幅に増やします。たとえば、賞金は、普通にはなかなか買えないような品物を買ったり、家族で楽しめる外国旅行ができる程度の金額にして、当選者数を格段に増やすとともに、自治体の施設などの利用券や行事への参加券を優待したり、寄付者として記銘し表彰するなど、その自治体ならではの副賞を付けることです。

22　競馬・競輪・競艇・サッカーくじ・パチンコも金儲けには向かない

競馬・競輪・競艇・サッカーくじで、大穴を当てて大金を得ようとする人がいるが、実際には大穴ができ、それを当てられる確率は極めて低く、金儲けには向かない。競技を楽しみ、選手や馬を応援することにこそ魅力がある。パチンコも同様、娯楽として楽しむ。

競馬や競輪・競艇で大穴を当てて大儲けしようとする人たちがいます。最近ではサッカーくじもあり、若い人たちの中にも関心を持つ人も出てきているようです。しかし、これらが金儲けの手段として適しているかどうかは疑問です。宝くじと違って、自分で予想して選ぶので自分の力がある程度反映され、レースや試合によって初めて結果が判明するので、興奮も大きいものです。しかし、実際には大穴を当てて大儲けできることは滅多にありません。逆に繰り返し大損して人生を棒に振る人は多いのです。レースによってお金が増えるわけではなく、興行費用と興行主の利益分を差し引いた払戻金（当せん金）は客の購入金額よりずっと少なく（50％程度）、その配分に自分の予想が反映されるものの、一般に大穴ができ、しかもそれを自分が当てられる確率は極めて低いのが現実です。したがって、競馬・競輪・競艇そしてサッカーくじも宝くじ同様に金儲けには向かないことは明らかであり、事実が証明しています。元々競輪・競馬・サッカーくじの興行目的が、券の購入者に金儲けをさせるためではなく、興行主がお金を集めるために行っているわけですから、当然です。そのことは本来もっとはっきり分かるようにすべきです。サッカーくじは、サッカー競技を支援するためのものということは比較的分かりやすいはずですが、数億円もの当せん金になる場合では、「億万長者になりたい」という宣伝に乗せられて、金儲けを目的に購入する人たちも多いでしょう。

スマートな馬がさっそうと疾走する姿に魅力を感じる人なら、金儲けにならなくても競馬に魅力を感じるでしょう。バイクやモーターボートが好きで、さっそうと走る選手に魅力を感じる人は金儲けにならなくても競輪・競艇を見るでしょう。したがって、競馬や競輪・競艇は金儲けではなく、競技を楽しみ、自分の好きな選手や馬を応援し、また自分の予想が当たったかどうかを楽しむべきです。払戻金は余り極端に偏らないようにし、むしろ馬に触れあったり選手と交流できるなど、馬好き、バイク・モーターボート好きの人たちが魅力を感じる副賞を付けることによって、観客を集めるのが本筋です。サッカーくじが目指すのはサッカー競技の支援のはずですから、当せん金を高額にして購入をあおるのでなく、当せん金額は低くして、選手との交流、観戦券、関連グッズなどサッカーファンに魅力のある副賞に重点を置くのが本筋です。

また、パチンコも金儲けには向きません。パチンコ玉を入れるテクニックを磨くことによって、手っ取り早く金儲けができると考える人もいるかもしれませんが、人のため、世のため何の貢献もしないでお金を儲けようとするのは虫がよすぎるというものです。ときには大当たりで儲かるときもあるでしょうが、パチンコを楽しんだ上に金儲けをされたのではパチンコ店は立ちいきませんので、ほどほどで出なくなるように工夫するはずですから、結局は儲からないでしょう。儲けたとしても、それは他の客の払ったお金をかすめ取っていることになります。パチンコは金儲けとしてではなく、ほどほどのお金の範囲内で娯楽として楽しみ、あるいは気分転換を図るのがよいといえます。

なお、大学時代は貴重な時間ですので、これらに割くのは勧められません。

第5章 就職活動と職業について

23 職業は人のため世のため役立つことをする場

職業に就いて働くのは、社会の助け合いの輪に入って、人のため世のため役立つことをすると同時に、生活に必要な助け合いが得られるよう報酬を得るためである。

若い人たちから「なぜ働く必要があるのか」という問が出されることがあります。それは、「人は一人では生きていけず、助け合いが必要であるから」です。そのことは、生活に必要な身の回りの物で、本当に自分自身が手をかけて作ったものがどれだけあるかを見れば分かります。自分で作ったものはほんのわずかでしかありません。人びとの助け合いは、生活のさまざまな場面で必要になり、また行われますが、助け合いの輪が広がると、より効率的に、より高度に行われることが要求されます。それに対して、集中的に専門的に行うことによって、職業が誕生したものと思われます。今日、多くの人びとは生活資金を得るために、職業について働くのですが、これは社会の助け合いの輪に入って、人のため世のため役立つことをすると同時に、自分たちの生活に必要な助け合いが得られるように、報酬を得るためです。

24 就職には、まず何をして人のため世のため役立ちたいかを考える

職業は、どんなことをしたら人のため世のため役立つことができるかを考え、その中で自分ができること、できればやりたいことを選ぶのが望ましい。

一般的には、三年生後半には進路の選択を迫られ、大学院進学や家業を継ぐのでなければ、通常は就職活動を本格的に始める時期を迎えます。もちろん、それ以前にも折に触れ、就職情報を集めたり、企業訪問したり、特にインターンシップに参加したりして、学外の世界に接触することは、非常に有意義です。

就活を始める時期になっても、何をやりたいか分からないという人が大勢います。そして、何を

やりたいかより、就職先として大企業、有名企業、公務員とか、また報酬が多く、仕事が楽で、束縛時間が短く、しかもかっこよく、厚生施設が整っている、勤務地が地元などの条件を挙げる人が多くいます。しかし、これは本末転倒で、自分本位の考えと言わざるを得ません。第一に考えるべきは、何をして人のため世のために役立ちたいかです。企業は皆さんに給料を払うために雇うわけではなく、企業で役立ってもらうために雇うということです。その企業は有用なものを製造したり、必要なサービスを人々や他の企業などに提供して、その見返りに代金などを得ています。つまり、企業に就職するということは、人のため世のため役立つことをするのを求められるわけです。中には人のため世のため役立つことを忘れ、金儲け第一主義の企業もありますが、そのような企業は世間から支持されないでしょう。

どのようなことをして人のため世のために役立つかは、人生をどのように生きるかと密接に関係するでしょう。具体的には、どのような人たちのためにどんなことをしたら役立つことができるかを考えるとよいでしょう。そのようなことは世の中に極めて沢山ありますが、その中で自分自身ができることを探すのです。できれば、自分がやりたいこと、好きなこと、得意なことであるのが望ましいでしょう。職業に就いた場合、その仕事を長期にわたってすることになります。また、苦労や困難に出会ったり、高度な要求に直面することが多いでしょう。そのようなときでも、やりたいこと・好きなこと・得意なことであれば、困難に耐え、難題を克服して、その職業を続けることができると思われるからです。

25 就活では、就職先の具体的業務とともに現場を確かめる

就職先の候補としては、選んだ職業をするのに適したところで、しかも自分にとって働きやすく、そして妥当な報酬や待遇が得られるところを選ぶのがよいでしょう。就活では、まず候補とした就職先が、具体的にどんな業務をして人のため世のため貢献しているか、経済的収支の基盤はどうなっているかを知ることが重要です。これらは、その就職先の存立と将来性に係わる事柄ですので、よく確かめる必要があります。その企業が世間から支持されているか、発展の基盤となる強みを持っているか、何か問題を抱えていないかなどにも留意しましょう。

それと同時に、実際の仕事の現場を確かめることも非常に重要です。就職してみて、配属された職場が自分がイメージしていたのと非常に異なっていたということも珍しくありません。外部からでは分かりにくい面があります。会社見学をするのはもちろん、もし体験入社などの制度があれば利用すると非常に参考になるでしょう。また、先輩がいれば、その先輩を頼って現場の状況、仕事

の実情、職場の雰囲気などを具体的に聞き出すのがよいでしょう。そこで働いている人たちが、意欲を持って仕事に取り組み、生き生きしている職場を選びたいものです。企業の最大の資産は人です。働く人を大事にしない企業に明るい未来はないでしょう。

26 面接試験では、仕事への意欲と基礎的能力、社会人としての適応性を示す

就職試験では通常、筆記試験もありますが、一般的には面接試験が重視されます。面接で、その企業の仕事に向くかどうかを判断されます。対外的な仕事や接触もあるでしょうから、併せて一般社会人としての適応性もチェックされるでしょう。

その企業に関心を持ち、業務や仕事に意欲を持つことを、そのきっかけや理由とともに示すと伝わりやすいでしょう。その企業を選んだ理由を、有名企業とか、給料が高いとか、厚生施設が整っているなどの自分本位の理由を挙げるのでなく、その企業の業務内容の魅力や将来性、社会への貢献などに対する理由を挙げる方がずっと高く評価されるでしょう。

業務や仕事にすぐ取り組めるような実務的な知識は通常要求されません。それは身につけていて

も、数年で役立たなくなることが多いでしょう。むしろ、就職してから必要に応じて教育されますし、実際に経験して力を付けていけるからです。業務や仕事をしていく上で基盤となるような専門基礎的知識は重要ですが、それについては大学の成績や筆記試験で評価されるでしょう。面接では、仕事をする上で必要な一般的な能力がチェックされるでしょう。コミュニケーション力は大事で、友だちとの気楽な会話でなく、社会人としてきちんとした会話・意思疎通が図れることが必要です。したがって、面接できちんとした応答ができているか、自分の特質を的確にアピールできているかなどチェックされるはずです。さらに、社会人としての適応性としては、周りの人たちと一緒に働いていける協調性、明朗性、規範意識などを示せばよいでしょう。

なお、これからは海外との交流がますます増加すると思われますから、英語でのコミュニケーション力も身につけておきたいものです。文書の作成や情報検索の必要性も高くなるでしょうから、パソコン操作力も重要です。また、移動手段として自動車の運転免許も取っておきたいものです。これらが仕事に直接関係する場合には特に就活に有利に働くはずですし、日常生活でも力となります。時間の自由度が比較的あり、新しいことの吸収力に優れる大学時代に、これらを身につけておくことが勧められます。一方、特定の業務に関係する「資格」については、必要になったときに取ればよいでしょう。そのような資格は企業が取得する機会を与えてくれる場合も多いのです。仕事に関係ない資格や簡単に取れる資格はほとんど評価されないでしょう。

27 就職と転職は熟慮して決断

自分が志望した第一希望企業に内定が得られればよいのですが、現実はそれほど甘くありません。第二、第三希望でもなく、希望順位の低い企業からしか内定が得られない場合もあるでしょう。それでも、自分のしたいことと同じ方向であるなら、決断することが勧められます。希望順位の高い企業にこだわって、就職の機会を失い、時間を無駄にし、生活にも困るようでは元も子もありません。フリーターになって、次年度に再度挑戦するとしても、希望の就職先が決まる可能性はむしろずっと小さくなりますので、勧められません。実際に就職してみると、意外に自分に合っていたということもあります。どうしても自分のしたいことと異なるなら、可能なところに就職して生活の基盤を得た上で、将来したいことをするための準備を少しずつ進め、条件が整ったら転職することも考えられます。

一方、第一希望で就職しても、実際に仕事をしてみて自分に合っていないと感じることもあるかもしれません。最近、入社して一年以内に退職する人が増えているようです。ちょっとした問題で簡単に退職してしまうのは、その企業にとって大きな迷惑ですが、本人にとっても決してよいことではありません。他の企業に簡単には転職できませんし、たとえできてもそんなに甘くありません。

報酬を得るにはそれなりの努力と苦労が付きものです。しばらく我慢して努力しているうちに様子が分かって、活躍できる場が見つかることもあります。本当に自分に合わないのか、信頼できる人の意見も聴くなりして、十分慎重に熟慮すべきです。十分熟慮した上でなお、自分がどうしてもしたいことが別にあり、それをするための道筋が明確にかつ具体的に立てられるなら、転職することは決して悪いことではありません。不満と後悔を抱えたまま一生を過ごすより、どうしてもしたいことに挑戦する方がよいでしょう。その場合でも、それまでの職場の人とけんか別れするのでなく、自分のしたいことを誠意を持って説明し、気持ちよく送り出してもらえるようにしたいものです。将来思わぬ機会にお世話になることもあるのです。また、それまでの経験を無駄だったと考える必要はなく、それは何らかの形で役立つものです。

28 専門性の高い職業には大学院進学を目指す

研究開発などの専門性の高い職業に就きたい場合には、大学卒業だけでは一般に不十分です。進歩した専門的知識の習得と研究手法を会得するために、是非二年間の大学院修士課程に進学したいものです。実際、工学部や理学部などで研究開発職を目指す人は、修士課程進学は欠かせないといってよいでしょう。専門的かつ豊富な経験的知識が必要な医学部については、修士課程を含めた形の六年課程になっています。

一方、博士課程については、大学の教員や研究機関の研究員を目指す場合には是非必要ですが、一般的には就職に必ずしも有利になるとは言えないのが現状です。博士課程修了までにさらに三年を要しますが、企業がそれに見合った報酬を出しにくい、あるいは企業の組織になじみにくくなると考えること、博士課程での研究テーマと企業が必要とする知識が必ずしも合いにくいこと、オーバードクターがかなり多くいることなどが関係しているようです。しかし、今後、博士の必要性が高まることは間違いなく、将来的には博士課程進学者も増すでしょう。

29　人の役に立つことを考える中からビジネスチャンスは生まれる

人びとの助け合いは、まず身近な人の間で始まったが、助け合いの輪を社会に広げたとき経済が始まった。経済の本質は金儲けではなく、助け合いの輪を社会に広げることである。人の役に立つことをどう実現するかを考える中からビジネスチャンスは生まれる。

最近、若くして起業を目指す人もおります。起業に当たっては、まず経済の本質を考えておきたいものです。それは、企業に所属してビジネスをする上でも大事なことです。

人が生きていくには助け合いのネットワークが必要です。人びとの助け合いは、まず親子、家族、そして身近な人の間で始まりました。それは経済とは言いませんが、その助け合いの輪を社会に広げたとき、経済が始まりました。人びとの役に立つことをしてあげ、そのお返しに自分に必要なことをしてもらい（手助け）、人びとが必要とするものをあげ、そのお返しに自分が必要なものをもらいます（物物交換）。このとき金銭の授受を伴うもののみを経済活動と見なす傾向がありますが、金銭の授受を伴わなくても本質は同じです。経済の本質は金儲けではなく、助け合いの輪を社会に広げることです。

ビジネスはお金を儲けるために立ち上げるものではなく、「人の役に立つこと」をどう実現するかを考える中からビジネスチャンスは生まれます。人のため世のためになるものを作り、人のため世のためになるサービスをすれば、自ずとお客は生まれ、自らにも利益が返ってくるのです。まず、人のため世のためになることを第一に考えた上で、それが継続的に安定的に続けられるように、ほどほどの収益が上がり、資金と経費がうまく循環する道を考えればよいです。江戸時代に全国各地で活躍した近江商人の「売り手よし、買い手よし、世間よし」の「三方よし」の精神が大事です。

第6章　食事その他の生活について

30　規則正しい朝食は生活のリズムを作る

一人暮らしで気ままに生活していると、とかく生活のリズムを崩しやすくなります。夜更かしをして起床が遅くなり、朝食を抜かして大学に行くことになったりします。さらに、ひどい場合は昼夜逆転の生活にもなります。このようなことは、健康に悪影響を与えるとともに、勉強の効率を極めて悪くして留年となったり、さらには退学に追い込まれたりしますので、是非避けたいものです。

人の体内時計の中枢は脳の視交差上核にあって、約二四・五時間の周期と言われます。これを一日の二四時間に合わせるのに、朝の光を浴びることが重要であることが分かっています。それとともに、体内時計はいろいろな臓器にもあり、その中でもとりわけ腹時計が重要で、他の臓器のリズムにも影響を与えることが知られています。したがって、朝食を規則正しくとることは、体内時計のリズムを整え、生活のリズムを作り、充実した大学生活を送る上で極めて重要です。

逆に、夜食を摂り続けると、遅寝遅起きになりやすくなります。体内時計に異常があると、肥満などの生活習慣病に結びつく可能性を示す研究もあり、規則正しい朝食は健康上からも極めて大事です。

31 バランスの取れた食事は健康と活力の元、人生における最大の楽しみ

一人暮らしでは食事もとかく外食で、しかもファーストフードなどで簡単に済ませてしまいやすいでしょう。しかし、食事で摂ったものが、自分の体を作り、活動の元になるのですから、食事の内容を決して軽視してはなりません。それだけではなく、そもそも食事を摂ることは、生まれてから死ぬまで人生において最も頻繁に経験できる最大の楽しみですから、軽視してはもったいないのです。

炭水化物、タンパク質、脂肪の三大栄養素の他に、各種ビタミンやさまざまなミネラル（微量元

素)、さらには食物繊維などが欠かせないことはよく知られています。これらをバランスよく含む食事を摂るように心がけたいものです。すなわち、炭水化物を主体とする主食のご飯やパン・麺類に、ビタミン類や食物繊維を多く含む生野菜その他の各種野菜や果物、植物性のタンパク質や脂肪などを含む豆製品など、動物性のタンパク質・脂肪を含む乳製品・卵・魚・肉などを適切に組み合わせることです。また、ものにはすべて適切な範囲があり、必須成分でも過剰に摂り過ぎると過剰症になる危険があります。量を摂り過ぎないようにしましょう。満腹に食べるよりやや少なめの粗食の方が長寿になるという、ネズミを使った研究があります。量は控え目にして、よくかみ、よく味わって、楽しく食事したいものです。したがって、とかく過剰になりやすいサプリメントに頼るより、三度の食事から摂るのが望ましいのです。どうしてもサプリメントが必要な場合でも、過剰にならないよう摂取量には十分注意が必要です。

32　一人暮らしで生活の智恵を身につけよう

一人暮らしでは、身の回りのことをすべて自分ですることになります。炊事は面倒だからと、外食に頼り、飲み物までポット入りやパックものにしているかもしれません。洗濯も面倒だから、コインランドリーで済ますか、あるいはまとめて実家に持ち帰り、親にやってもらい、掃除はほとんどしないままかもしれません。

しかし、炊事や洗濯、掃除などは自立した生活をする上で、欠かせないことです。一人暮らしは、これらの生活の智恵を身につける非常によい機会です。毎日はできなくても、時々は自炊をしたり、洗濯や掃除をする経験を積むことは、将来の生活にきっと役立つはずです。特に、自炊をすることは大事です。ご飯、具だくさん味噌汁、野菜炒め、おひたし、焼き魚、焼き肉などの簡単で基本的な料理の仕方を身につけることは、食費を節約できるだけでなく、健康を守る上でも重要です。自炊したものに購入した調理済み食品を二、三品添えることで、食事内容に変化をもたせ、栄養バランスを取りやすくなります。

自宅から通学する場合でも、自分のことは自分でする経験をしておくことは極めて有意義です。親が側にいる間に、調理の仕方などを是非教えてもらって下さい。親のありがたさも分かります。

33　ときには旅に出て、自然のすばらしさや人びとの温もりを感じ、視野を広げよう

大学時代は自分の視野を大きく広げるときです。高校までは活動範囲はとかく育った地元近辺に限定されることが多いと思われます。しかし、大学は地元に限定されませんので、新しい環境を経験することが多いでしょう。特に、地方から大都市の大学に進学すればそのことを強く感じるでしょう。しかし、ときにはさらに未知の土地を訪れてみることを勧めます。時間的自由度がある大学時代は旅行をしやすいときです。何か行き詰まりを感じた場合でも、よい気分転換になります。自然のすばらしさや人びとの温もりを感じ、視野を広げ、新しい発見があるかもしれません。名所旧跡でも、小説の舞台でも、山でも海でも、関心のあることに出会えるところがよいでしょう。できれば気の合うクラスや部活の友人と一緒ですと、一層楽しくなりますし、何か困ったことが起こった場合でも助けになります。国内の安全な所なら、一人旅もよいでしょう。

旅行に出かけるに当たっては、準備を十分にしたいものです。経済的な余裕は少ないでしょうから、旅費や宿泊費をできるだけ抑える工夫が必要でしょう。旅行日程だけでなく、目的地の地理や歴史、名所旧跡、特産物などを調べて、実際に見たり、味わったり、その土地の人たちとも交流したりして視野を広げたいものです。

ただし、旅は未知との出会いでもありますので、山や海、海外への旅行はもちろん、その他でも事故に遭わないよう十分な注意が必要です。海外なら、治安状況もよく調べて危険な地域への立ち入りは避けなければなりません。また、言葉や習慣の違い、情報不足などでトラブルが起きやすいので、万一起きたときの対応も含め十分な準備をしたいものです。山や海なら、ルートだけでなく、危険箇所や天候にも注意して、無理な行動は取らないことです。危険な行動は自分だけでなく周りの人たちにも迷惑が及び、場合によっては取り返しの付かない事態が生じますので、絶対避けなければなりません。

第7章 健康と病気について

34 健康は最高の財産

若いときはとかくその若さにかまけて、健康に気を遣わなくなりがちです。不規則な生活と偏った食事を続けていると、やがて体に何らかの変調が表れてきたりします。健康は、健康であるときには空気のように当たり前にあるものとして、そのありがたさに気付きません。病気を経験して初めてそのありがたさを痛感します。しかし、病気になって治療するのは痛みを伴い、貴重な時間もお金も失います。病気にならないよう予防する方がはるかに楽です。当たり前に感じることも、本当は当たり前ではないことが多いのです。当たり前の空気も昔から今のような大気であったのではなく、シアノバクテリアや緑葉植物などが何億年にも渡って炭酸ガスを吸収して酸素を放出してくれたお陰なのです。体が自分の意志に従って動いてくれることは、決して簡単なことではなく、驚異的なすばらしいことなのです。体は病気になる前に、何らかの兆し・信号を発することがしばしば見られます。そのわずかの信号を見逃さずに警告と受け止めて、早く対処するのが賢明です。

35 頭も筋肉も使わなければ退化する

頭も筋肉も使わなければその組織は不必要と見なされて、他へ回され、その力はずっと弱まる。能力を維持するには適度に使う必要がある。

新車は動きが滑らかではありません。最初は低速で慣らし運転することにより動きが滑らかになります。自動車をずっと使わないでいるとさび付いたりして、むしろ劣化が進みます。他の機械でも同様であり、適度に使うのが長持ちのコツです。人間でも、筋肉は使わなければ元の状態が保たれるのではなく、少しずつ衰え退化します。人間に限らず生物では、機械以上にその傾向が強く現れます。すなわち、使わなければその組織は不必要と見なされて、他へ回され、その力はずっと弱まります。骨折などして寝たきりになれば足の筋肉は弱くなり、一カ月もすれば筋肉がやせ細ってきます。頭も使わなければ、元の知識が保たれるのではなく、次第に忘れ衰えます。大学に合格して一安心、受験勉強に疲れたから少しゆっくりしたいと一休みしたら、入学時の学力が保たれるのではなく、ずっと低下するのです。能力を維持するには適度に使う必要があります。

36 健康と周囲の人のため、タバコは吸わず、酒は控え目に

タバコが体に有害で、習慣性があることははっきりしており、周囲の人にも迷惑が及びやすいので吸わない方が賢明である。酒類は少量なら健康によいとも言われるが、アルコールが体に有害で習慣性があり、トラブルの元ともなるので、控え目にする必要がある。特に、一気飲みは命に関わる危険行為であり、決してしてはいけない。

未成年は喫煙と飲酒が禁止されていますが、成人になればこれらの禁止が取れます。これを成人の権利と考える人がいるかもしれませんが、それは考え違いです。未成年の喫煙・飲酒の禁止は、タバコとアルコールが健康に有害であり、しかも習慣性を持つことによるものであり、そのことは成人になっても何ら変わりません。成人になれば、健康への有害性は、成長盛りの未成年に比べれ

ば多少減るでしょうし、大人であれば喫煙・飲酒に節度を持てるはずとして、法律上の禁止がはずれるだけと考えるべきでしょう。

タバコの体への有害性は、呼吸器系に限らず、発ガンや動脈硬化のリスクを高めるなど、広く認められています。日本では「健康のために吸い過ぎに注意しましょう」と曖昧な表現しかされませんが、欧米の多くの国ではタバコの有害性が明示されています。病気をしたとき、医者からまず禁煙を指示されることが多くあります。健康に害があることが分かっているものは、初めから吸わない方がよいに決まっています。気分転換になるということがありますが、そのようなものは他にたくさんあり、わざわざ有害なタバコを選ばなくてもよいはずです。しかも、タバコは高率の税が掛けられ、経済的負担も増えます。さらに、タバコの煙と不快な臭いは意外に広く拡散し、周囲の人に不快感を与えるだけでなく、健康にも悪影響を与え、多大な迷惑を掛けることになります。タバコを吸う人はこのことに気付きにくいのですが、それは自分の吸っているタバコの臭いに慣れて、鈍感になるからです。他人に影響を与えないようにタバコを吸うのは、相当面倒です。その上怖いのが、習慣性があって中毒になることです。タバコをやめようと思えばいつでもやめられると考えるかもしれませんが、これは誤りです。習慣性があるということは、自分の意志では制御できないところで、体自身がタバコを要求するため、自分一人では容易には禁煙できません。タバコを吸いたくても吸えないようにしたり、吸うと不快に感じるようにするなど、禁煙の手段はありますが、非常に苦労することになります。初めから吸わない方がはるかに楽であり、よいのは明白です。もし、既に喫煙しているのでしたら、禁煙外来などでアドバイスを受けて、できるだけ早く禁煙した方が実現しやすく、また健康にもプラスでしょう。

酒類は世界的に古くから親しまれてきました。酒類は節度を持って飲めば場を和ませてくれますし、少量であれば健康にもよいともいわれます。酒類には、その製法によって変わりますが、さまざまな副成分を含むことによるのでしょう。しかし、これはあくまで少量飲酒の場合であって、主成分のアルコールは体、特に脳にとって有害です。したがって、体はアルコールが摂取されれば、これを解毒するために、まずアセトアルデヒドに酸化します。しかしこれも有害ですから、さらに酢酸にまで酸化します。後の酸化のための酵素がないか働きが弱いと二日酔いで苦しむことになります。この解毒は主に肝臓で行われますが、処理に時間がかかり、日本酒1合を処理するのに4時間以上かかるといわれます。もし一気飲みをすると、処理が追いつかず、激しい頭痛や吐き気、さらには呼吸が停止して死に至る可能性があります。一気飲みは命に関わる極めて危険な行為であり、決してしてはいけないし、勧めてはいけない行為です。一気飲みに限らず、沢山飲めば肝臓障害など、体への悪影響が現れます。また、怖いのは酒類にも習慣性があり、気付かないうちに依存症になりえます。そうなってからでは、苦しみが極めて大きくなります。女性は男性より血中濃度が上がりやすく、肝臓障害や依存症になりやすいといわれますので注意が必要です。さらに、酒にまつわる後悔は、飲酒運転、暴力、暴言、金銭トラブルその他数多く、自らの信用を失墜し、職を失ったりするだけでなく、周囲の人にも多大な迷惑を掛けることになります。タバコと同様に、経済的負担もかかります。酒は、成人になって飲むとしても、少量（日本酒換算で1日1合以下）で、しかも休肝日をしばしばとる（週2日以上）ことが必要です。

37　健康はバランスが大事、病気や怪我の治療にはバランスの崩れを直す

生命はバランスの上に成り立っており、バランスが崩れると病気になる。体自身の作用だけではバランスを取り戻せない病気や怪我に対して、抗生物質などの薬や手術は大きな成果を挙げてきた。一方、慢性生活習慣病、ガン、免疫疾患のような病気では、体の修復機能や免疫作用が損なわれており、薬や手術の外に、病気の原因をもたらすような要因を改善して、バランスを取り戻す努力をすることが必要である。

生命体は、体表面（皮膚）によって自己と外界とを区切り、自己（内部）と外部とのバランスを取ることによって、自己の恒常性を保っています。さらに、生命の機能は、摂食と排泄、細胞の増

殖と死滅、神経を興奮させる交感神経と抑える副交感神経など、多数の反対の作用をするものの微妙なバランスの上に成り立っています。このバランスが崩れると病気になります。バランスを保ち、恒常性を保つことが健康にとって重要です。栄養のバランスのよい食事を適量摂り、良好な排便・排尿が規則正しくあることが健康の基本です。

バランスを崩すことによって発症した病気を治すには、バランスを取り戻すことが必要です。バランスの崩れに対しては、生命体の本質として、体自身がさまざまな調節作用、免疫機能、修復機能などによってバランスを取り戻そうとします。しかし、感染症を起こす細菌の大増殖による毒素の大量放出や、大怪我による皮膚・臓器・組織・骨などの大きな損傷では、体自身の作用だけではバランスを取り戻せません。このような病気や怪我に対して、抗生物質などの薬による細菌の増殖の抑制、手術による組織や骨の修復など、バランスを崩した原因を直接除き、後は体の修復機能にゆだねる西洋医学は大きな成果を挙げてきました。

しかし、一方で、慢性生活習慣病、ガン、免疫疾患のような病気では、生活習慣やウィルス・発ガン物質・放射線の刺激などにより、体の修復機能や調節作用・免疫作用が損なわれています。つまり、自分自身の体内に病気の原因となるものが潜んでおり、そのような場合、薬や手術で症状の改善をある程度できるとしても、それだけで直ちに病気の原因を完全に除くことは難しいのです。薬や手術の適切な適用とともに、病気の原因をもたらすような要因を改善して、バランスを取り戻す努力をすることが必要です。漢方などの東洋医学は、永年の経験に基づいて体のバランスを取り戻すことについて、多くの知識を集積しており、それなりの効果を上げている場合もあると思われますが、その根拠については、まだ十分解明されてはいません。

38 病気の専属主治医は自分自身

医師に診療を依頼するのは当然であるが、病気を四六時中、直に体験し、その病状に一番詳しいのは自分自身であるから、その病気に向き合い、勉強し、回復に向けて真剣に取り組むことが重要である。

病気になったとき、私たちは医師に頼るのが通常です。医師は、病状と治療法について専門知識を持っているはずですし、多くの患者を診察して、治療実績も持っているはずです。だから、病気に対して医師に診察と治療を依頼するのは当然です。しかし、医師は多くの患者と係わっているのであり、特定の個人に対してそれほど時間をかけて詳しく見ているわけではなく、またその病状を実体験しているわけでもありません。

それに対して、本人は病気を患った自分の体に四六時中つきあい、痛さ・つらさなどを直に体験しており、その病状に一番詳しいはずです。治療も自分の体が引き受け、その結果は否応なく受け取らざるを得ません。だから、病気を医師任せにせず、自分自身が第一に責任を持って向き合わなければなりません。病状を正確に把握し、検査の意味と結果をきちんと理解し、適切な治療法を選択しなければなりません。もちろん、素人にとって、病気に対する専門知識は不十分でしょうから、一般には医師に助けを求め、診察と治療を依頼する必要があります。しかし、自分自身が専属主治医として、その病気についてしっかりと勉強し、生活習慣の改善を含め、回復に向けて真剣に取り組むことが重要です。

39　病気に対する体自身の応答に注意

病気に対抗して体自身が応答し、症状が現れる。症状は体の防御反応であることも多い。病気の原因に効く薬でないとき、薬で症状が緩和されても治癒したわけではなく、病気の原因を除くことが重要である。

病気になったとき、体自身がそれに応答します。たとえば、頭痛は何らかの異常を知らせるサインです。ただ痛みを取ればよいとして、原因の分からないまま鎮痛剤を飲んで済ませるのは危険です。脳梗塞などの重大な病気を見逃す恐れがあるからです。異常のサインを受け取って、その原因を調べて除くことが重要です。

また、風邪ウィルスが鼻やのどの粘膜に感染して増殖すれば、鼻水が出たり、のどが痛くなったりします。さらに進めば、咳やくしゃみが出たり、鼻が詰まったり、のどが腫れて声がかすれたりします。さらに発熱し、頭痛がして全身がだるくなることがしばしばあります。場合によっては下痢をすることもあります。これらは風邪の典型的な症状です。これに対する治療薬として、解熱鎮痛薬、気管支拡張薬、抗アレルギー薬、抗ヒスタミン薬、鎮咳薬（咳止め）、抗炎症薬、去痰薬などが症状に合わせて処方されることが通常です。これらの薬は、風邪の症状を緩和してくれますが、風邪ウィルスそのものを退治するものではありません。私たちは、症状を抑えることが治療であり、症状が取れれば治癒したと思いがちです。しかし、これは正しいとは言えません。咳や下痢などの症状は、ウィルスが他に拡散して増殖する手段になっていますが、また症状は病気に対する体の応答でもあります。薬で症状が緩和されても、病気の原因が除かれたのではなく、治癒したわけではありません。風邪では、鼻水や咳は、異物である風邪ウィルスを外へ排除しようとするものであり、発熱はウィルスが住みにくい温度にし、また体の免疫機能を高めてウィルスに対抗しようとする体の防御作用です。したがって、「ただの風邪だし、忙しいから」ということから、休養を取ることもなく、市販の総合感冒薬を飲んで発熱や頭痛を抑え、不快感が解消された（大抵脱力感が残る）としても、風邪が治ったのではなく、体の防御作用を弱め、かえって治癒を長引かせる場合もあります。インフルエンザでは、特に高熱が出るのが通常ですが、お年寄りなどで免疫力が弱まっていると、余り熱が出ないことがあり、むしろ危険です。食中毒などのときの下痢や嘔吐も、体に悪いものを速く外に出すという体の防御作用です。また、皮膚に外傷を負うと、滲出液が出ますが、これも体の防御反応であり、これを消毒薬や傷薬で排除してしまうと、かえって治癒を長引かせることもあります。風邪ウィルスに効く薬はないから、ウィルスが体内に入りにくい、増殖しにくい環境を作ることが大事です。すなわち、手洗いやうがいをする、マスクをする、加湿する、免疫力を高くするよう体を温かくする、消化がよく栄養の高い食事をする、安静にするなどです。ただし、体力が弱っていると、風邪が引き金になって細菌感染を起こして肺炎などになる場合もあります。また、三九℃以上の高熱が出るなど、症状が特に強く出て、正常細胞が傷害される恐れが出た場合、痛みが強くて眠れない場合などには、それを薬などで緩和することも必要ですから、早めに医師の診察を受けることが大事です。

40 薬は効能だけでなく、副作用や耐性にも注意

薬は体には異物であって、目的の効能だけでなく、正常細胞にも作用して副作用が出ることがあり、また長く連用すると耐性が発生して効かなくなることも多い。

治療薬を飲んだり、塗ったりすると、薬は病気の元に作用するだけでなく、体の正常組織にも作用します。薬は体にとっては基本的には異物であり、目的とする効能だけでなく、副作用が出ることがあり、注意が必要です。その薬が起こす可能性がある副作用を知り、そのような症状が出たときには、医師に相談する必要があります。特に、長期に服用する薬や体の調節機能に作用する薬などには注意が必要です。副作用に対する認識が、一般に十分でないことが多いと思われます。

また、感染症を起こす細菌に対する抗生物質も初めはよく効きますが、連用しているとやがて効かなくなります。その細菌がその薬に耐性を持つように進化したのです。このようなことは病気を媒介する昆虫などにも広く見られます。薬の乱用は慎まなければなりません。

第8章　物事の見方について

41　物事は多面的で、大抵のことは理屈が付けられる

物事にはいろいろな側面があります。どの側面から見てもよいことずくめ、逆にどの側面からも悪いことだらけという場合は、判断に迷ったり、論争になることはありません。しかし、そういう場合はむしろ少ないのです。長所もあれば短所もあるのが通常です。一つの面のみから見ればもっともなことが、他の側面から見るとまったく逆に不適切である場合もしばしばあります。どの側面を重視するかによって判断が異なり、意見が分かれることになります。

自分に有利なことを主張したいとき、大抵のことは何とか理屈が付けられます。「盗人にも三分の理」（ことわざ）です。物事は多面的ですから、その中の一つや二つぐらい都合のよい屁理屈は付け

られるのです。物事を判断するとき、とかく自分の立場からだけで見がちです。しかし、関わる人の立場によって見方に大きな違いがあることが多く、紛争の元となりやすいのです。多面的に見ることが必要です。

42 基本的なことを見失わない

単純で分かりやすいからといって、副次的なことを重視し、基本的なことを無視したやり方では、結局目的を達成できない。

さまざまな見方がある中で、目的に対して副次的な意味しか持たないが、単純で分かりやすいことと、誰にも異論がなさそうなことをことさら強調し、さらには感情に訴えたりして、相手の意見を批判し、自分の意見を押し通すことは、世の中でよく行われることです。分かりやすい感じがし、一見もっともなように感じられますから、そのような意見は割合に支持を受けやすいのです。しかしながら、このような基本的なことを無視して、副次的なことを重視したやり方では基本的なことが未解決ですから、結局目的を達成できません。大事なことは、「目的・目標に合った本質的なこと、最も基本的なことを見失わない」ことです。目的に沿った最も基本的な点から最も適切と判断されるやり方を取ることが必要です。副次的な点で不都合があれば、それが大きな障害とならないような対策を考えればよいのです。

43 天空から複眼で見る

高所から全体を見渡し、多面的に複眼で見ると、物事全体の実際の姿が見えて、正しい判断が可能になる。

物事の判断に迷う場合、高所から全体を見渡すこと（鳥瞰）が勧められます。つまり、物事全体の実像をつかむために、「天空から複眼で見る」のです。そうすると、自分の立場だけでなく相手の立場からも、さらにそれらを取り巻く周囲の状況も観察することができます。すなわち多面的に、自分の目だけでなく相手の目でも、特に第三者の目で複眼で見ると、物事全体の実際の姿が見えてきます。これは「岡目八目」（第三者の立場で見ると物事の善し悪しがよく分かるということわざ）に通じます。そうすれば、現実に基づいた正しい判断が可能になるでしょう。

44 紛争は一面的考えから起きる

紛争は一面的な情報で、相手の立場への配慮を欠くことにより起きやすい。情報を共有し、自分だけでなく、相手や第三者からも公正な解決策を考えれば、紛争を解決できる。

世の中にはいざこざや紛争が絶えませんが、双方とも限られた情報から判断した思い込みから起きていることが多いのです。つまり、一面的な情報で、相手の立場への配慮を欠き、第三者だったらどう考えるかも考慮せずに、自分の立場からだけお互いに主張することによりぶつかるのです。

この場合、お互いの情報を共有し、さらに「天空から複眼で見る」ことにより、相手の立場や主張の根拠が分かり、その全体の実際の姿が見えてきます。そして、自分だけでなく、相手も納得でき、第三者から見ても公正な解決策を考え提示できれば、紛争を解決できるはずです。

45 物事はほどほどがよい

物事は足りなくても過ぎても支障があり、適度がある。また、高望みせず、適度で満足することも必要である。

何事にも「適度」があります。足らなくてはもちろんいけませんが、過ぎても支障が出ます。たとえば、必須栄養素であっても過剰に摂り過ぎれば、余って害を及ぼし、過剰症が出ます。適切な摂取範囲があるのです。運動をしなくては、肥満になったり、筋力が衰えたりします。すなわち、筋肉を使わなければ不要とされて筋肉が退化します。余った分は脂肪となって溜まります。脂肪も適度な量は必要ですが、多過ぎればさまざまな成人病を引き起こしやすくなります。逆に運動をし過ぎても筋肉が損傷を受け、体を損ないます。適度な運動、ほどほどがよいのです。「過ぎたるはなお及ばざるがごとし」（孔子）。

また、あることができるとさらに上を望むことがよくあります。望みを実現するために順を踏んで努力するのは必要なことです。しかし、十分満足すべき結果が得られたのに、必要以上にさらにその上を望む、いわば欲が出ます。そして無理をして失敗し、元も子もなくなることが多いのです。「足るを知る」（釈迦）。

46 物事は相対する作用のバランスで正常に機能する

多くの物事は、促進するものと抑制するもの、取り入れるものと排出するものなど反対の働きをするものが共存し、そのバランスの上で正常に機能します。一方の作用をする物だけで微妙なことをさせるのは難しいのです。力が足りなかったり、行き過ぎたりしやすいからです。逆の作用をするものを共存させることによって、行き過ぎを防いで、微妙な調整をすることができ、バランスが保てるのです。機械には、動かす駆動力とともに、動きを止めるブレーキが欠かせません。駆動力とブレーキが必要なタイミングでバランスよく働いて初めて正常に動くのです。生物が生きていけるのも、食べるものと排泄するもの、動かすものと抑えるものなど、多くの逆の作用するものが働いてバランスを保っているからです。

47

量の違いが質の変化を生み、質の違いが量の差をもたらす

量の違いがある限度を超えると、単なる量の違いに止まらず、質の変化に転化します。たとえば、鉄はヒトを含む多くの生物で必須元素であり、不足すれば貧血などの鉄欠乏症を発症します。生物が正常な生理機能を得るにはある量以上の鉄が欠かせません。しかし、鉄もできるだけ多く摂取すればよいというものではなく、ある限度を超えると鉄過剰症になります。つまり、量の違いが質の変化を生むのです。

一方、質の変化が量的な差をもたらすことも多く見られます。たとえば、交通手段でも、自転車・自動車・電車及び飛行機では、その適した移動速度には大きな差があります。量の飛躍的な増加をもたらすには、しばしば質的な変化を必要とします。

48 物事の単純化は便利さとともに不都合さも生む

物事はさまざまな側面を持ちますが、その一面を持つ単純な扱いやすいものに置き換えますと、取り扱いが格段に便利になることがよくあります。たとえば、交易で物と物を直接交換するより、お金で置き換えた方が格段に便利です。さらに、お金の代わりに電子決済すれば、大金を持ち運ばずに済み、もっと便利でしょう。しかし一方、元のものと異なった性質を併せ持ちますので、それにより不都合なことがしばしば起こります。物よりお金の方がはるかに盗まれやすく、電子口座決済はさらに気づかないうちにごまかされやすいのです。本来のものと異なった性質に対するチェックが必要です。

49 事実に基づいて判断する

人は困難に直面したとき、何とか自分に都合がよいように思いこみたくなります。そうすれば、一時的に気分が軽くなります。しかし、それが事実とかけ離れていれば、結局事実によってしっぺ返しを受けることになります。自分がどう考えようとも、物事は事実によって進行するわけですから、事実を直視し、事実に基づいて判断し対応した方が、結局はよい結果をもたらします。

第9章 〝いのち〟と人間について

50 〝いのち〟は生命三八億年の歴史を経て存在する

〝いのち〟の始まりは母親の胎内から出たときや受精したときではなく、三八億年前の生命誕生のときであり、それから絶えることなく〝いのち〟を引き継ぎ、苦難と進化の歴史を経て、今の〝いのち〟が存在する。私たちの〝いのち〟は三八億年の重みを持つ。

私たちは普通〝いのち〟の始まりを母親の胎内から出たとき、あるいは受精の時と考えます。しかし、本当にそうでしょうか。生命が生まれ、育まれるには実に長い時間が必要でした。地球上に最初の生命が誕生したのはおよそ三八億年（～四〇億年）前といわれています。今日まで、長い生命の営み・進化の過程は苦難に満ちています。化石の研究から、五億五〇〇〇万年前から現在までに生物種の大量絶滅が少なくとも五回も起こったと考えられています。その原因として巨大噴火、巨大隕石の衝突、気候大変動、酸素欠乏などが挙げられています。五億五〇〇〇万年以前にもそのような危機は何度もあったでしょう。このような生命絶滅の危機に何度も遭遇しながら、それを乗り越え、絶えることなく生命を引き継いで、今日の多様で豊かな生命を開花させたのです。

私たちが今日あるのは、親の産みの苦しみ、育ての苦労はもちろん、それだけでなく、先祖の苦労、人類の苦難、そして人類の祖先であった数多くの生命の試練を乗り越えて得られたものです。これらが一つでも欠ければ、今日の私たちはありません。〝いのち〟の大切さは、連綿と続いてきた生命の歴史が物語っています。そのことは、母親の胎内で、一個の卵細胞が精子の合体を受けて細胞分裂を繰り返して胎児が成長する過程で、生命三八億年の進化の過程を大急ぎで駆け抜けている様子が見られることからも分かります。そして、私たちの身体は実に約六〇兆個といわれる細胞から構成されるさまざまな器官・組織に分化し、それらが協力し合って生命活動を営んでいるのです。これらの器官・組織と働きそのものが、生命三八億年にわたる進化を経て得られたものであり、実に巧妙にできています。私の〝いのち〟は、このように苦難の歴史を経て初めて得られた〝いのち〟であり、唯一無二の貴重な存在です。

51 人間の〝いのち〟は多くの生物に支えられている

人間は人間だけでは生きていけず、多くの動植物の助けを受け、さらには食べ物としてそれらの〝いのち〟まで分けていただいて初めて生きていくことができる。

人間は自らを「万物の霊長」と言い、人間にとって都合がよければよいと考えがちです。しかし、人間だけで生きていけるわけではありません。現在、地球上には名前の付けられているもので約一五〇万種、実際にはそれをはるかに超える一〇〇〇万種あるいはそれ以上の多数の種の生物が生きているといわれます。これらの生物の生命活動の基本は皆同じ仕組みであることが知られています。すなわち、最初に誕生した生物が変化して、多数の種の生物になったのであり、地球上の生物は皆、同じ祖先から進化した血族、すなわち地球生物家族なのです。これらの生物は互いに支え合って生きています。人が（動物も）生きていくには酸素が欠かせないし、食べ物が必要です。酸素は緑色植物が作ってくれています。人は緑色植物なしには生きていけないのです。また、人の食べ物は他の動植物です。多くの動植物の命を分けていただいて初めて人間は生きていくことができます。食事のときの「いただきます」は、それを提供してくれた人・料理してくれた人へのお礼だけでなく、その食材になっている動植物を育てた人びとへのお礼と、さらには食べ物となっている米麦・野菜・

牛・ブタ・魚など数多くの動植物の命をいただくという意味も含むはずです。これらの食べ物となっている動植物自身も、また他の多くの動植物の命をいただいて生きてきたものです。また、鳥は植物の実を食べる一方、種子を運んでその植物の繁殖を助けています。〝いのち〟は、このような「食物連鎖」と「共生」による生命の支え合いと長い生命の苦難の歴史を経て、初めて存在できるのです。

52　〝いのち〟は自然の恵みにも支えられている

〝いのち〟は、太陽や地球の自然の恵みに支えられ、育まれて初めて存在できる。

「地球」という太陽系第三惑星に生命が誕生したのは、地球が太陽に近すぎず、遠すぎず、ちょうど良い位置にあり、また地球自身が適度な大きさを持ったからだと考えられています。水が蒸発して宇宙へ揮散することなく、またすべて凍り付いてしまうこともなく、地表に海を形成したことが生命誕生に大きく寄与したと考えられます。多くの生物は太陽からのエネルギーを直接または間接的に受け取ることによって、その活動を維持しています。人類は古くからこの太陽の恩恵を感じ取り、太陽信仰などを誕生させています。さらに、海とともに大気、そして土壌や川や湖なども生命活動の場として欠かせないものです。人間だけでなく地球のすべての生物は、言うまでもなく太陽と地球のお陰で存在でき、自然の恵みを受けて生命活動を行っているのです。

しかし、自然はいつも恵みを与えてくれるとは限りません。地震・台風・風水害・津波・噴火・隕石衝突など、自然の脅威もあります。自然の脅威を避け、自然の恵みを受けられるようにするためにも、自然環境に対する配慮が欠かせません。生命は自然環境の影響を受ける一方で、地球環境に影響を与えてきました。その中でも人類は地球環境そして生物多様性にとりわけ大きな影響を与え続けています。

53 〝いのち〟を絶つことは生命三八億年の歴史を犠牲にする

〝いのち〟を絶つことは瞬時にできるが、〝いのち〟を生むには、三八億年の長い時間と大変な努力と犠牲が必要であったのであり、〝いのち〟を絶つことによって、その歴史を犠牲にしてしまう。

〝いのち〟が生まれるにはその両親がいなければなりません。その生涯が平穏な生活ばかりだったとは限りません。さまざまな苦労を乗り越えてきたはずです。その両親が生まれるにはそのまた両親がいなければなりません。沢山の世代をさかのぼって、人類の祖先に行き着きますが、人類の祖先もその祖先がいなければならなかったのです。それぞれが、大きな努力を払い、さまざまな苦難を乗り越えて〝いのち〟を受け継いできたに違いありません。結局三八億年前の生命誕生までさかのぼらなくてはなりません。それから長い時間をかけて進化する過程で、巨大噴火、巨大隕石の衝突を初めとして、何度となく大きな試練を経なければならなかったのです。こうして受け継がれてきた遺伝子を持つ人は、同じ両親からでさえ、染色体の$2^{23}\times2^{23}$＝70兆の組み合わせの中から選ばれた一人です。一卵性双生児の間では、確かに同じ遺伝子を持ちますが、それでも遺伝情報が実際に発現するときの環境、母親の胎内での位置や姿勢の違いなどによって、指紋などが異なります。さらに、生まれた後は、置かれた環境の違いによって異なった個性を持って成長します。すなわち、一人ひとりが唯一無二の貴重な存在です。そしてまた、私たちの体の中でどんなことが行われているかを思い起こしてみれば、この〝いのち〟が実にうまくできた優れものであることが分かります。このような貴重な〝いのち〟を、他人が勝手に奪うことは重大な罪であることはいうまでもありません。

他人の〝いのち〟はもちろんいけないが、自分の〝いのち〟であれば自分の勝手にしてもよいと思うかもしれません。しかし、自分の〝いのち〟も同じように三八億年受け継がれてきた貴重なものであり、決して無駄にしてはいけません。もとより、自殺を考える人には、それなりの悩み・理由があるに違いありません。確かに人生にはつらいことも多いのです。治る見込みのない病気に冒されたり、返す当てのない借金に苦しむ場合もあります。大きな失敗をしてしまった場合もあるかもしれません。中には、ひどいいじめにあったり、だまされて借金を背負い込まされたりするなど、本人にまったく責任のない場合もあるでしょう。そのようなとき、いっそ死にたいと思う場合もあるかもしれません。しかし、死んだら解決できるものではありません。むしろ、死ぬつもりになれば、いろいろなことができます。その悩み・理由を自殺でない方法で解決できるようにしなければなりません。たとえば、返す当てのない借金なら、「自己破産」をする方法もあります。治る見込みのない病気なら、どうせ誰でもいつかは死ぬわけですから、死に急がずに、病気と共存しながら、ある限りの人生を有意義に過ごすことを考えます。痛みが強いなら、痛みを取ってもらう方法もあります。ましてや、いじめやだまされた場合など、あなたに責任がないのに、貴重な命を絶つ必要などまったく有りはしません。生命三八億年の苦難の歴史を思い、この世の中で唯一のあなたの〝いのち〟を生き抜く道を見つけましょう。私たちは、そしてあなたは生きているだけで価値があり、すばらしいのです。

また、社会としても、自殺の原因となり得る事柄の発生を防ぐ手だてを講じるとともに、そのような状況に追い込まれた人たちを支援し、自殺を防ぐ仕組みを作る必要があります。

54 生命の歴史は弱肉強食でなく共生の発展

「弱肉強食」の強者といえども、餌となる弱者なしには生きられない。強者も弱者との共生が絶対欠かせない。

生命の歴史は「適者生存、弱肉強食」との見方があります。しかし、強者といっても、その餌の対象とされる弱者を食べ尽くしてしまえば生きることができません。したがって、百獣の王ライオンも、弱者たるシマウマを生きるのに必要なだけ狩りをするのであって、決して乱獲はしません。シマウマもそれにより増え過ぎずに適度の個体数を維持できます。この共生がバランスよく働くことによってライオンもシマウマも生き続けることができるのです。野生動物の雄の間で、雌の獲得を巡る闘いもよく見られます。勝った雄が自分の子どもを多く残すことができます。しかし、この場合も相手の雄を追い払いますが、死に至らしめることは事故死以外ほとんどありません。

生き物の詳細な観察により、この共生の事実が数多く明らかになってきました。よく知られている例として、マメ科植物とその根に付いてこぶを作らせて生息する根粒菌があります。根粒菌が空気中の窒素を固定して宿主の植物に与えているのに対し、植物は根粒菌に栄養や水及び繁殖場所を提供して、共利共生しています。また、私たち人間の腸には大腸菌・ビフィズス菌その他極めて多数の腸内細菌が共生しています。腸内細菌はそこでヒトが消化吸収できない成分を主な餌として、生き場所を得ています。一方の人間にとっても、ビフィズス菌などは炭水化物を消費して乳酸を作り、腸内環境を酸性にして病原菌を排除してくれます。大腸菌でさえ、病原性でない多くのものは、通常はタンパク質を分解してビタミンを作ったり、侵入菌を撃退するなどして腸内環境を整え、共生しています。

そもそも、酸素呼吸によってエネルギー生産をする重要な働きを行っている細胞内小器官であるミトコンドリア自身、元々別個の生命体であったものが、細胞内に取り込まれて共生したものと考えられています。緑色植物に欠かせない葉緑体も、光合成をするシアノバクテリアが真核生物に共生したのが起源とされます。生命の歴史は共生の発展と言えるのです。

55　生命の共生を壊すものに対抗する

生命はすばらしいが、完璧ではなく、間違いもあり、生物間の〝いのち〟をかけた「せめぎ合い」も起こる。〝いのち〟を引き継いでいくには、間違いには修復の仕組みを、共生を壊す「せめぎ合い」には自らの〝いのち〟を守る方法を編み出すとともに、自らも共生の道を踏み外さない必要がある。

生命はすばらしく、その歴史は「共生の発展」であるといっても、生命がまったく完璧で理想的にできているわけではありません。もし、生命が完璧にできているなら、病気もなく、争いもなく、飢えることもなく、幸せに生きることができるはずですが、現実はそうではありません。遺伝子のもとであり、正確に複製される仕組みを持つＤＮＡ（デオキシリボ核酸）の複製でさえ、ときに間違いが起こります。病気はしばしば生命を脅かします。生物は、これらの間違いに対するさまざまな修復の仕組みや、命を脅かす異物に対する免疫の仕組みなどを編み出し、命を守ってきました。

さらに、生物間の「せめぎ合い」はさまざまな所で見られます。動物は植物や他の動物を食べ物として摂らなければ生きていけません。食べ物である動植物が不足すれば、飢えに直面します。ライオンがシマウマを乱獲せず、必要なだけ狩りをするといっても、その餌食になるシマウマ自身にとっては、死を意味します。シマウマは俊足を獲得し、群れを作って見張りを立て、一緒に行動してライオンから逃れようとします。一方、ライオンにとっても狩りを成功させなければ餓死してしまうわけですから、弱いシマウマを群れから引き離すなどして狩りをします。命をかけた戦いになります。人間とても、食材となる動植物の〝いのち〟をいただかなければ生きていけません。肉や魚を食べない精進料理といっても、穀物・野菜・果物なども植物であり、生き物であることに変わりはありません。と同時に、相手を食べ尽くしたり、絶滅させては、自身も滅びることになります。従って、食材となってもらえる動植物が繁栄して生き続けられるようにしなければなりません。人間は、農業によって食材や衣料などの元になる動植物を育て、その〝いのち〟をいただくことによって生活を安定させ、人口を増加させてきました。即ち、ライオンもシマウマも人間も生物は皆、〝いのち〟を引き継いでいくには、共生の道を取らざるを得ないし、取らなければならないのです。

生物間の「せめぎ合い」の解決策として、よくとられるのが「棲（す）み分け」、すなわち、生活の場所を空間的または時間的に分け合って生きることです。多くの動物で、自分の「なわばり」を主張する一方、他の「なわばり」は避けることが見られるのもその例です。今日、生物はその種によって、地球上のさまざまな場所に分布しており、また、昼行性・夜行性など活動時間帯もさまざまであり、棲み分けて生きています。猿・猪・鹿などの野生動物による農作物への被害が問題になることがありますが、「棲み分け」はその解決の一つの方向を示していると思われます。

しかし、中には、恩恵はまったく与えず、害ばかりを与える生物もいます。人間の腸内細菌でも病原性大腸菌のように、毒素を出して人間にとって有害なものもあります。ハマダラカは、動物の血を吸い、マラリアなどの伝染病を媒介します。病原菌が急激に増殖すれば、とりつかれた宿主生物は病気になり、命を落としかねません。病原菌としても、急激に増殖を重ねて宿主を短期間に殺してしまえば、たとえ他の宿主に移ってさらに増殖できたとしても、やがてその大増殖した病原菌は宿主を絶滅させることによって、自らも生きていけなくなります。つまり、そのような病原菌は淘汰されてしまうのです。結果として毒性がそれほど激しくなく、宿主をすぐ死なせることなく、次の宿主に乗り移って増殖できるような形に、つまり宿主と共生できるように変異できたものが長く生き続けることになります。しかし、いつもそのような形に変異できるという保証はありません。気候変動などの他の原因もあるでしょうが、「共生」の仕組みがうまく働かず、その数が大きく増減したり、さらには絶滅した生物も多いのです。多くの動植物は、このような共生を壊すものに対しては、自らの〝いのち〟を守るために、さまざまな方法や仕組みを編み出し、進化を遂げてきました。それと同時に、長く生き続けるためには、自らも共生の道を踏み外さないようにする必要があります。

56　多様性は生命を豊かにし適応性を高める

単一のものの集まりより、異種のものが集まって、それぞれの特徴を発揮し、影響し合う方が、多様性と新たな可能性が生まれ、適応性が高まる。

純血種を尊ぶ考えがあります。しかし、現実には雑種の方が広がりやすいのです。一般的に雑種の方が生命力が強く、適応性が高いことが多いのです。純粋なものは長所が強く出る一方、短所も強く出る恐れがあり、必ずしもよいとは限りません。さまざまなものが混在する多様性の中に粘り強さと進歩とおもしろさがあります。生物は無性生殖から有性生殖に変わってから、遺伝子の組み合わせによって多様性が格段に増し、多様な進化を遂げました。単一のものの複製では発展性がなく、また、良いところは引き継がれるでしょうが、同時に弱いところも引き継がれ、適応性が低いでしょう。異種のものが混ざり、影響し合うことによって、多様性と新たな可能性が生まれ、適応性が高まったと考えられます。そのことによって生命は進化し、豊かに発展してきました。皆と違うところがあるからといって、仲間はずれにするのでなく、お互いを尊重することが大事です。「みんなちがって、みんないい」（金子みすず「私と小鳥と鈴と」）。

57 人間の基本は協力し合うこと

人間は一人では生きていけず、人びとの助け合いが必要であり、社会を形成するとともに協力関係を広げるために、言葉や文字を生み出し、物資を交換して文明を生んだ。

人間は弱い存在です。人は一人では生きていけません。自立して生活しているといっても、決して一人で生きているわけではありません。食べ物を手に入れるためにも、生活に必要な衣類や日用品、住宅などを手に入れるにも、水道・電気・ガスなどを利用するにも、一人ではできないのです。さまざまな人びとが力を合わせることによりいろいろなことができます。今の生活は、家族や周りの人はもちろん、多くの人びと、世界中の人びとに支えられています。だから、人が生きていくにはお互いの協力が絶対不可欠です。人は、助け合いのネットワークを作れば豊かに生きることができます。

他の動物でも、植物でさえも、同種あるいは異種の個体間の協力関係はしばしば見られます。しかし、人間はとりわけ協力が必要であり、多くの人びとからなる共同体を形成する必要があるのです。

他の動物と異なり、人間の眼には白眼があります。白眼は視線がよく分かり、そして人間の顔は豊かな表情を示すことができ、この表情、特に笑顔は他人との良好なコミュニケーションをとるのに役立ちます。また、人間は協力関係を広げるために、言葉を生み出しました。争うには叫び声で十分であり、言葉はいりません。言葉によって他の人と意志を通わせ、より高度な協力をスムーズに進めることができます。さらに、音声だけでなく文字を発明することによって、近くにいる人だけでなく、場所を越え、時間を超えて、非常に広い範囲で、意志を伝え、知識や情報を伝えて、協力することを可能にしました。そして、物資を交換して人びとの協力を拡げることによって、人間は文明を創造し、その生活を飛躍的に発展させることができたのです。

58 協力は「相手の身になる」ことによって成り立つ

いろいろな立場や考え方の人たちが互いに協力し合うのに大事なことは、「相手の身になること」である。また、社会の支え合いよって初めて生活できるのだから、社会のためになることで、相手にも自分にも良いことを考えて行えば、自ずと協力関係が築かれる。

人びとの協力は、いつもうまくできるとは限りません。むしろ、しばしば争いが生じます。しかし、争いをしていたのでは、食べ物も得られず、生きていけません。人にはいろいろな立場や考え方があります。そのような人たちが互いに協力し合うのに一番大事なことは、「相手の身になること」「お互いに相手の立場に立つこと」「自分にしてほしくないことは相手にしないこと」「自分がしてほしいことを相手が望むならしてあげること」です。「相手と立場が入れ替わっても納得できること」をお互いにすれば、協力し合うことができます。「我が身つねって人の痛さを知れ」（ことわざ）「おのれの欲せざるところは人に施すことなかれ」（孔子）「なんじの欲するところを人に施せ」（聖書）。

さらに言えば、人は相手と自分だけでなく、多くの人びと・社会と関わり・支え合いを持って初めて生活できます。したがって、社会のためになることを考えることが大事です。そして、相手にも自分にも良いことを考えて行えば、自ずと社会の中で協力関係が築かれます。

　ただ現実には、自分と相手または社会の利害が矛盾すると思われるときもあります。そのときは、互いに譲り合う必要が生じます。その場合、とかく少しでも自分に有利にしたいと思いがちです。相手もそう思うでしょうから、なかなか話がまとまりません。しかしながら、自分が少し不利と思うぐらいが客観的には大抵ちょうど良いのです。自分のことはよく分かるのに対して、相手または社会のことは分かりにくいからです。自分にとって良いことは、自分自身のことであるから当然のことながら分かりやすいのです。しかし、相手が当然受けるべき便益は相手の事情をよく知らないから分かりにくいことです。さらに、社会にとって望ましいことはもっと分かりにくいことが多いのです。相手の身になって考えること、さらには広く世の中全体を考え、何が望ましいかを判断する必要があります。また、たとえ実際に自分が少し不利であったとしても、そのことでもめて対立しているよりは、協力関係を作った方が得るものがはるかに多いのです。

　これに対し、力・権力・権威でもって相手が非常に不利であると思うことを押しつけるのはやめるべきです。それは道義的に問題があるだけでなく、その「不利なことを押しつけられた」という感情が後々まで尾を引き、良好な協力関係が得られず、得るものより失うものの方が多いのです。

　一方、自分が犠牲になって、世のため人のために働くことは、大変美しく立派です。しかし、大きな犠牲を払うことは意欲がわきにくく、無理があり、長続きしません。また、自分だけでなく他の人たちを含む自分たち、あるいは逆に相手方が非常に不利になる関係は作らない方がよいのです。それは将来にしこりを残し、協力関係を作ることを妨げます。一般に、世のため・人のためになることで、しかも自分たちのためにもなることをする方が無理なく継続でき、はるかに良いのです。無理のない範囲でよいから、世のため・人のためになることをしていると、結局自分のためにもなっていることが多いのです。「情けは人のためならず」（他人に情けをかければいつかは巡り巡って自分にもよいことがあるということわざ）。

59　隣近所は争えば多くを失うが協力し合えば多くを得る

隣近所は関係が深いから、敵対すれば失うものが多い一方、協力し合えば得るものが極めて多い。

身近な間では、接触する機会が多く、関係が深いものです。だから、行き違い、摩擦が生じやすく、けんかも起きやすいのです。夫婦げんか、兄弟げんか、親子げんかは珍しくもありません。隣近所のけんか・あつれきはよくある一方、遠方の親戚とは関係が薄く、出会ったときにはにこやかに過ごせます。同じことが国家間でも起こります。近隣国とはあつれきができやすく、権益を巡って紛争が起きて、さらに戦争にまで発展した例は、極めて多いのです。一方、遠方の諸国とは形式的な友好関係は結びやすいのです。

隣近所は敵対すれば失うものが多いのです。しかし、隣近所は関係が深いだけに、協力し合えば得るものが極めて多いのです。隣近所こそ協力が大事です。それにはお互いに相手の立場を考えて、双方とも利益が得られるように行動することが大切です。

60 競争は協力を前提として初めてよい効果を生む

競争は、互いに努力してより良いものを作るという前提で知恵を出し合うことによって、双方が勝者になれる。スポーツの競争も、一層効果的に体を鍛え、楽しむための手段であり、ルールに従い互いに技術や記録を高め合うという前提があってよい効果を達成できる。

生ぬるいなれ合いでなく、「競争こそ活力を生み、進歩が図れる」という考え方があります。競争社会こそ進歩があるというのですが、この競争社会は幸せな社会なのでしょうか。「相手に勝つ」ことを最優先にする競争であるなら、自分の力を大きくすることだけでなく、相手に有利になることをしない、むしろ相手に不利になることをする、相手を出し抜くということも起こります。こうして競争に勝って、勝者になるのはごく少数で、大多数は敗者に甘んじることになります。

それに対して、「お互いに努力してより良いものを作る」ということを前提に競争して知恵を出し合うなら、相手に不利になることをしたり、相手を出し抜くこともありません。双方が得るものがあり、双方が勝者になれるのです。

スポーツでは、得点や記録を競うことが多いです。スポーツが競争を行って良い効果をもたらすのは、きちんとしたルールの下に、参加者に公平に行われ、評価方法が明確で、必要に応じて審判がいて公平な判断を行い、そして互いに技術や記録を高め合うというスポーツマンシップの前提があることです。そのようなルールがなく、公平な評価方法を持たずに、いたずらに競争をあおり、勝ち組と負け組に分けるようなことをすれば、相手をおとしめるような不公平な競争を招く結果となります。スポーツの本来の目的は、競争して勝敗を決めることではなく、体を鍛えることと楽しむことです。得点や記録を競うのは、より効果的に体を鍛え、より楽しくするための手段であり、本末を転倒してはいけません。

61 人間は間違いを犯す

人間はすばらしい能力を持つが、完全ではなく、しばしば間違いを犯す。たとえ英雄・偉人・聖人でさえ、誤りがあり得る。間違いを犯す可能性があることを前提に、対策をとる必要がある。

人類は多くの苦難に出会いながらもそれを乗り越え、文化を育み、科学技術を発展させ、今日の世界を作り上げてきました。人間はすばらしい能力を持っていますが、しかし、とかく安易に流れやすい傾向があります。人間は完全ではなく、しばしば間違いを犯します。それは、たとえ英雄や偉人、聖人であってさえ、神でない限り、誤りがあり得るのです。神の使いと言われる人でさえそうです。神の啓示を受けたと言っても、受け取ったのは人間ですから、間違った受け取り方、不完全な受け取り方があり得るのです。人類はそのため数多くの戦争・争いを経験し、大きな苦しみを味わい、沢山の犠牲を払ってきました。神のため、宗教のためと称する戦争もまた多いのです。未だに愚かな戦争や争いが絶えず、環境破壊も進んでいます。間違いを犯す可能性があることを前提にして対策をとる必要があります。たとえば、決めたことに対してもチェックしたり、見直したりするシステムを作ることなどです。

62 人の本来の能力に大差はないが意欲が大差をもたらす

人の本来の能力にはそんなに大きな差はないが、評価では大きな差となりやすい。一方、意欲の差は、毎日の積み重ねによって、結果に天地雲泥の差をもたらす。

人の元々の能力にはそんなに大きな違いはありません。同じ立場の人びとの間では、平均に対して通常1.3倍程度までが多く、大きくても2倍程度でしょう。もちろん、人には得手不得手がありますから、得意な人と不得意な人では違いがありますし、置かれた立場や条件が異なれば、発揮できる力も変わります。しかし、あることが不得手であっても、別のことが得手です。

意欲を持って同じことを目指し、同じ条件におかれた人たちの間の能力の違いはそれほど大きいものではありません。例えば、一〇〇メートル走の一般的な選手と世界記録保持者との差はそんなに大きいものではありません。一位と二位では力の差はわずかですが、待遇には大きな差があるのが通例です。上位者と一般選手との間でも同様です。この能力の少しの差が、評価では大きく拡大される仕組みになっています。実際の差を大きく超えた、評価の過大な差には問題があります。

一方、意欲を持って一つのことに取り組んだ場合と、意欲なしにだらだらと惰性でやる場合との差は大きいのです。初めの差は小さくとも、毎日の積み重ねがその差をねずみ算的に大きくして、やがて天地雲泥の差となります。意欲を持って取り組み続けるならば、やがてきっと大きな実を結びます。

63 大人の要件は世の中のことを考えて行動できること

子供では、自分や直接的な関係の人たちに関心が限定されるのが通例であるのに対し、大人は社会のあり方を決めることへの参加資格を持つことから、直接的な関係を超えて、広く世の中との関わりを考えて行動できることが必要である。

乳児は、ただその生理的要求に従って動きます。お腹が空いたり、排泄して気持ちが悪ければ、泣いて知らせます。泣くことが仕事であり、してほしいことを知らせる手段です。泣くからやかましいといって、静かにさせるためにたたくのは、とんでもない思い違いです。乳児は親のことを考えて行動できません。乳児がしてほしいことを、親がくみ取ってやらねばなりません。幼児になると、親・家族など身近な人と、それなりに意志を通わせることができます。それによって、家族や身近な人たちとの愛情を育むことができます。さらに児童・生徒は、交わりの範囲を広げてより多くの友達や教師、さらに直接的な関係を持った人たちとの人間関係を築くことができます。
　では、大人の要件は何でしょうか。さまざまな社会でそれぞれの時代に、「一人前」と認める要件があったと考えられますが、現代では形式的に年齢で決めているのが通例です。しかし、実質的な大人の要件を考えることは大事です。大人は、国会議員や地方自治体議員の選挙権など社会のあり方を決めることへの参加資格を持ちます。したがって、大人は、身近な直接的な関係を超えて、社会の一員として、広く世の中・社会との関わりを考えて行動できることが必要です。自分や身近な者のことしか考えないのでは世の中は成り立ちません。自分の損得だけを考えるのでは大人といえません。

64 環境の保全は人類生存に不可欠

生物すべてが自然の恵みを受け、環境に支えられている一方、人間の活動が環境に与える影響は極めて大きく、環境保全に対する人類の責任は極めて大きい。

人類のみならず、地球上の生物すべてが自然の恵みを受け、地球の環境に支えられている以上、環境を壊さないようにする配慮は絶対欠かせないものです。環境を破壊すれば、そのしっぺ返しは必ず人類にも及び、その生存を脅かす恐れがあります。かって、いくつかの文明が興隆しては衰退し、滅び去りました。この衰退の原因としては、大地震や火山の噴火もありますが、しばしば、イースター島のように、開墾や木材の利用などのために森林を伐採しつくすなどの人為的原因が考えられています。現代では、開発に伴う環境の変化は格段に速く、大気汚染、水質汚濁、土壌汚染など特定地域だけでなく、オゾン層の破壊、酸性雨、地球温暖化など地球規模にもなっており、人間の活動が環境に与える影響は極めて大きくなっています。地球の環境保全に対する人類の責任は極めて大きく、私たち自身、できることから真剣に取り組む必要があります。

第10章　人の習性について

65　ありがたいことも繰り返されれば、当たり前になる

人間は慣れやすい。非常な努力を経て得られるようなありがたいことでも、繰り返し行われれば、やがて当たり前と感じる。安易に浪費していると、やがてそれを失う。

少し前までは、最高権力者が望んでもできなかったありがたいことや便利なことが、本当はさまざまな努力の積み重ねにより可能になったことでも、見かけ上は簡単にできるようになり、繰り返されていると、やがてそれは当たり前のことと感じてしまいます。それを当然として、ただ安易に浪費していると、やがてその便宜は途絶えてしまいます。そのとき感じる不便さによって、そのありがたさを思い知らされます。スイッチを入れれば点く電気、蛇口をひねれば出る水が止まって初

めてそのありがたさを実感できます。
その便宜を継続して享受するには、ときには立ち止まって、その便宜がいかにして可能になったか、どのようにして行われているかを振り返り、感謝を持って、その浪費を避け、無駄のない維持に配慮する必要があります。イスラム教ではラマダーン月は日の出から日没まで食事を口にしません。これは食事が食べられるありがたさを実感させるものでしょう。

66 人はとかく安易に流れる

楽をしようとするのは自然の流れであるが、楽ばかりしていると、やがて苦を招く。

苦しいことより楽しいことをしたい、楽をしようとするのは自然の流れです。脳も怠け者です。慣れれば深く考えずに惰性に流れます。だから、人はとかく安易に流れやすいのです。不必要なことにエネルギーを使わないことは生き物として理にかなったことです。新生児はやたらによく体を動かしますが、成長するにつれ、無駄な動きが減ってきます。しかし、程度があります。本当に必要ないのかどうか。安易に流れて楽ばかりしていると、やがてそれが苦を招くことが多いのです。

筋肉を鍛えることなく、のんべんだらりと寝そべって楽ばかりしていると、やがて筋肉は衰え、ちょっとした行動さえやりづらくなります。病気でもないのに、かむのが面倒だといって、流動食に頼ったりしていると、あごの筋肉や骨が衰え、唾液の分泌が減り、消化力や免疫力も低下する等のことが起こります。

67 人はとかく過剰に反応する

一面的な見方に頼ると、とかく行き過ぎを起こしやすい一方、本当に重要な問題も無視しやすい。

石油ショックの時、トイレットペーパーが足りなくなるらしいといううわさから、足りなくなったら困る、今の内に買っておこうと多くの人が買いだめに走ったため、品切れでパニックになりました。実際には需要に十分見合う量の在庫があったにもかかわらず、一面的な情報に頼ったことによる過剰反応です。このようなことは人間生活のさまざまな分野で起こり得ます。ある俳優の役回りがすてきだったとなると、人気が異常に急上昇するなど、人の評価でも過大評価をしやすいのです。その一方で過小評価も起こります。一面的な見方では一つの動きを抑制する力が働きにくいから、行き過ぎたり、その一方で不足してしまったりしやすいのです。多面的な見方をとることによって、過剰反応を防ぐ一方、本当に重要な問題に対する無視も防ぐことができます。

68 人は長所もあれば短所もある

人は誰でもいくつかの長所がある一方、短所もある。長所を生かし、発展させる一方、短所がその妨げにならないようにすることが大事である。

人は、良いところ、得意なこともあれば、悪いところ、不得意なこともあります。大抵は、探し出せば長所を数個見つけることもでき、短所を数個探すこともできるでしょう。大事なことは長所を十分に生かし、伸ばすことです。長所となることはやって楽しいし、集中できるし、続けて苦にならないから、力を伸ばしやすいのです。一方、短所となることはしっかりとやることがつらいのです。大事なことは、短所が長所を生かすときに妨げにならないようにすることです。その程度のことは、大抵はそれほど大きな努力をしなくてもできます。また、長所を生かすためと思えば、多少の我慢はできるはずです。さらに、短所と思っていることも、見方を変えると逆に長所として生かせる面を持っています。たとえば、「飽きやすい」ということは、いろいろなことに興味を持てるという面を持っており、多方面に好奇心を働かせれば、人生を多彩にできます。また、「決断力がない」ということはいろいろなことを考慮できるという面を持っていますから、その方向に持って行けば、長所に変えることができます。「なくて七癖、あって四八癖」（誰しも癖は持っているということわざ）

69 他人の苦労は分かりにくい

自分の苦労は身にしみて体験しているから、強く認識できるが、他人の苦労にはなかなか思い至らない。

野菜を食べても、野菜を作る人の苦労を考えません。野菜を作った経験がないとき、あるいはそれを見たことがないときは、特にそうです。魚を食べても魚を捕る人の苦労を考えません。また、魚を捕る人も食べる人も、その魚の悲しみには思い至りません。自分が手にしている物が得られるまでの過程をきちんとたどれば、多少は他人の苦労に思い至るでしょう。「卵を食べる人は、鶏の苦労を考えない」（ニジェールのことわざ）。

第11章 人生について

70 今の時間の積み重ねが人生そのもの、楽しく充実した時間を過ごそう

現代人はとかく忙しいです。今は忙しいから後に延ばそうということが多いでしょう。しかし、結局やらずじまいになります。

「今」という時間は二度とありません。「今」を大事に生きる、今しなければずっとできないかもしれない、今日できることを明日に延ばさないことが大事です。「明日には明日の風が吹く」、明日にはまた新しいことが待っているのです。「時は金なり」（ことわざ）と言われますが、時はお金以上であり、人生そのものです。この貴重な時間をつまらないものにしてはもったいないのです。一日一日を大切に、楽しく充実した時間を過ごしたいものです。「思い立ったが吉日」（ことわざ）「今

が最も大事です」(相田みつを)。

71 延ばすべき理由があれば、時を待つ

今が大事とは言っても、明確に延ばす方がよい理由がある場合や、多方面から十分に検討する必要がある重要な物事の場合は、無理をせずに延ばすのがよいでしょう。たとえば、山登りで天候が悪ければ、天候の回復を待つ必要があるのは、身の安全を図る上から当然です。就職や結婚などの人生の方向を決定づける決断や、住宅の建築や多大な借金をするなど、後々に大きな影響を与えることも、十分検討する時間が必要です。ただし、言い訳に過ぎない理由で延ばしていたら、そのことは達成できません。「せいては事を仕損じる」「待てば海路の日和あり」(ことわざ)。

72 時間は作るもの、重要なことに優先的に時間を割り当てて実行しよう

いつかやろう、時間があったらやろうではやれません。大事なこと、重要なことに優先的に時間を割り当てて実行する必要があります。

夜寝る前に、今日一日を振り返って、やろうと思ったことで、できたこと、やり残したことを反省し、明日やることを考えます。朝一番に、今日一日にやることの段取りを確認します。やりたい大事なこと、しなければならない重要なことはこの段取りの中にしっかりと組み入れる必要があります。時間は作る必要があります。

73 破壊は一瞬、建設は長期

どんなに複雑にできたものでも、壊すのは時間がかかりません。強い力でただバラバラにすればよいだけです。もっと簡単には、基本的な部分の働きを止めるだけでもよいです。しかし、建設に

は長い時間がかかります。順序立てて、特定の構造・組み合わせ・組織となるよう作り上げねばならないからです。時間をかけて作り上げられたものを大切にしたいものです。「ローマは一日にしてならず」（ことわざ）。

74 いつか希望を見いだせるときが来る

悩みは誰にもある。人生は幸不幸が折り重なっている。悩み多いときもかけがえのない時間だから、大切に生きれば、希望を見いだせるときも来る。

人生は楽しいことばかりではないですから、一生のうちにはさまざまな悩み、苦労、困難、不幸に出会うでしょう。一見まったく悩みなどないように見える人でも、隠れた悩みを持つことも多いものです。しかし、「人間万事塞翁が馬」（人生の幸不幸は幾度か巡ってきてどうなるか分からないということわざ）というように、人生には幸不幸が折り重なっているのが普通です。悩みを抱えつつもひたむきに生きることにより、希望や喜びを見いだせるときもきっと訪れるはずです。「笑って過ごしても一生、泣いて過ごしても一生」ですから、自分ではどうしようもないことは受け入れ、自分でできる楽しいときを見つけたいものです。悩み多いときも、人生のかけがえのない時間ですから、大切に生きたいものです。そうすれば、きっと道が開かれるでしょう。

75 大事なことは、決してあきらめない

いろいろな望みや目標を持って、一所懸命に努力しても、なかなか達成できないことが多いものです。自分なりに努力しても、達成できる見通しが立たない状態が続くと、自分には無理なのかと、迷いが生じます。まったく可能性がないことに、いつまでもこだわって、他の可能性をつぶしてしまうこともあります。そのような場合はきっぱりとあきらめて、他の大事な望みや目標に取り組む方がよいのは当然でしょう。しかし、自分にとって極めて大事なことは、まだ可能性がほんの少しでもあるなら、決してあきらめないことです。大事なことをあきらめることで、意欲を失い、後で後悔することになりやすいのです。すぐには無理なら、少しずつでも準備して時期を待つこともできます。

76 人生は実力半分、運半分

人生で力を発揮するには実力と運が必要であり、運が巡ってきたとき、それをつかまえられるようにアンテナを張っておくと同時に、運を生かせるように実力を蓄えておくことが大事である。

人柄も良く、実力が非常に優れているのに、一向に力を発揮する機会のない人がいる一方で、それほど実力が優れているわけではないけれども、重要な役割を与えられ、活躍する場を提供されている人もいます。この世の中で起こることはすべて決まっているわけではなく、確実に起こることがある一方で、どうなるかまったく分からないこともあります。実力がなければ力を発揮することは不可能ですが、実力があっても、その力を発揮できるとは限りません。つまり、力を発揮するには、実力と運の両方が必要です。運はいつ巡ってくるかは分かりません。だから、運が巡ってきたときに、その運をきちんとつかまえられるようにアンテナを張っておくと同時に、日頃から実力を蓄えておき、巡ってきた運を生かすことができるようにすることが大事です。

77　やり方はいろいろある

一つの目標に到達する仕方は一つとは限りません。山の頂上に達する道はいろいろあります。たまたま今行われている仕方は、それなりの理由があって選ばれたのでしょう。だから、それを無視するのは正しくないでしょう。しかし、それだけしかあり得ないとは限らないし、状況や条件が変化すれば、他の可能性が生まれます。現状に固執する必要はまったくないのです。現在の仕方が選ばれた理由を吟味し、新たな可能性を考え、考え出したさまざまな仕方の中から今の条件で最適な仕方を見つけ出せばよいのです。

78　小さな変化も積み重なれば大きな変化になる

一度の変化はわずかでも、繰り返されれば、やがて大きな変化となります。わずか一%の向上でも一〇回繰り返せば一割の向上、一〇〇回繰り返せば二倍にもなります。毎日毎日の地道な努力がやがて大きな力を生みます。「継続は力なり」。また、ほんの小さなものも積もり積もれば大きなものになります。「塵も積もれば山となる」（ことわざ）。

79 目標を見失ったら原点に戻れ

目先のことに追われて対応している内に、いったい何のためにしているのか、目標が分からなくなることがあります。そのようなとき、原点に戻ることが大事です。元来、何のためのものなのか、目的は何であるのかを思い起こすことです。そうすると、その目的に沿った別の道を思いつくことができるものです。「初心忘るべからず」（世阿弥元清）。

80 間違いから学ぶ

人は完璧ではなく、間違いを起こすことがしばしばあります。優れた人でさえ、間違いはあり得ます。「弘法にも筆の誤り」(ことわざ)。たとえば、長い文章を書けば、その中に誤字や脱字が見つかることはまれではありません。だから、読み返しをしてチェックする必要があります。ある程度の間違いがあることはやむを得ないともいえます。それを反省し、それから学べばよいのです。なぜ間違いをしたか、間違いを防ぐにはどうしたらよいかを考え、同じ間違いを繰り返さないことです。これを怠ると、同じように行動しやすいから、同じ間違いを繰り返します。遅刻をする人は、いつも遅刻をしやすいのです。「二度あることは三度ある」(ことわざ)。

81 重大なことは二度確かめる

人は間違いを起こすことがあるといっても、取り返しができない間違いは避けなければなりません。「命」を失ったりしては、間違いから学ぶことはできません。人に取り返しができない損害を与えることも避けなければなりません。小さな間違いの積み重なりが重大な間違いを導くことがあります。小さな間違いの中に大きな間違いの元が潜んでいたりします。したがって、小さな間違いでも無視せず、二度と繰り返さないよう学ぶことが、大きな間違いを防ぐことにつながります。また、取り返しができないようなこと、命に関わるような重大なことは、必ず二度は確かめる必要があります。二度確かめることは面倒なことです。しかし、間違いを起こしたときに起こることの重大性と、それに伴ってしなければならないことの煩雑さを考えれば、大したことではありません。

82 周囲の意見は参考に、本人が最終判断

本人あるいは当事者は、そのことに直接的に関係して最も大きな影響を受ける人です。したがって、本人や当事者を評価するような場合を除いて、何をどう行うかに関しては本人や当事者が最終的に決め、そしてその結果について責任を負うのが本筋です。しかし、本人や当事者の考えが曖昧で、周囲の意見に流されて決めてしまい、結果が思わしくなくて、責任を周囲にかぶせることがあ

ります。自分自身のことであり、自分に結果が降りかかるわけですから、最終的には自分で決断して責任を持つことです。また、本人や当事者の考えがあるのに、別の役職者など権限を持つ人が、現場の状況を考えず、本人や当事者を無視して、観念的に物事を進めることもあります。そうすると、現実から遊離し、本人や当事者とぎくしゃくし、やがて失敗をきたします。この権限を持って決めた人は、たとえ失敗しても、せいぜいその役職を辞める程度で済みますが、本人や当事者は大きな痛手を被ります。これを避けるには本人や当事者が責任を持って最終判断することです。

ただし、本人や当事者でない人が別の立場からアドバイスするのは大変有益です。多くの情報が得られ、本人や当事者には身近すぎてかえって気づかなかったことに思い至るなど、視野が広がり、問題点をチェックできるからです。そのようなアドバイスを十分検討した上で、本人や当事者が最終判断することが望まれます。また、公共的なことや多くの人に関係することについては、第三者による評価やチェックが必要です。

83　現場を無視してはうまくいかない

現場感覚を失うと、さまざまな問題を起こす。現実と遊離するので、問題を解決できないからである。

パソコンゲームで戦争ごっこして人が何人も死んでも、その痛さ・つらさはまったく実感できません。家が無惨に壊されても、その後どんな生活を強いられるかもまったく分かりません。まだ、戦前のように棒きれを持ってチャンバラごっこをした方が、たたかれれば痛いという実感がわきます。物を壊せば、その残骸を見て、もう使えないということは理解できます。

机上で説明のしやすい立派な計画を立てても、その計画が実施されることによって、実際の現場で何がどうなり、誰がどうなるかをきちんと抑えておかないと、計画の目標と現実との間に大きなずれが生じます。

食べ物を食べるとき、その食材を育てるのにどれだけの苦労があったか、料理するのにどれだけの手間暇がかかったかを理解しないと、そのありがたさが分かりません。食べ物をおろそかに扱ってしまいます。食べ物が目の前に出て来なくなって初めて、そのありがたさを痛感するのです。

現場を実感できないことが、その扱いの誤りをもたらします。現場感覚が大事です。

第12章 教育と文化について

84 人間は学ぶことなしには生きていけない

身につけている知識や生活の仕方のほとんどは何らかの形で学んだものであり、学ばなくても生きていけると思うのはまったくの誤解である。学んだことは生きていく上で力強い支えになる。

「なぜ学ぶ必要があるのか」と、若い人たち、中学生や高校生だけでなく大学生まで、疑問を持つ人たちがいます。それは、学ぶことなしには生きていけないからです。赤ちゃんは生きるために親のまねをして学びます。幼児は家族だけでなく近くの人たちからも学びます。児童・生徒はさらに学校生活の中で教師や教科書などからも学びます。学ぶことは、学校・教育機関で授業を受けることだけでなく、生活のさまざまな局面でできることですし、また意識せずに学んでいることも多いはずです。学ばなくても生きていける、生活していけると思うのはまったくの誤解です。すでに学んできたからこそ、今の自分があるのです。親、近くの人たち、教師の身につけていることもその大部分は学んだものです。学ぶことなく自分自身が独自に身につけたことに何があるかを反省してみれば、そのほとんどが学んだことであることに思い至るはずです。

これに対して、生活に必要なことはそうだけど、「学校や大学で今勉強していることは、別に知らなくても生活をしていく上で特に困らない」という思いがあるかもしれません。確かに、内容によっては、あるいは教え方によっては、生活との直接的な結びつきを感じにくいこともあります。教科内容や教え方の適不適については検討の余地はあるでしょうが、義務教育で行われることは、基本的には一般社会人として欠かせないことです。高校や大学でも、それぞれのコースに進むときに必要となる科目をそろえているはずです。今、生活との直接的な結びつきや必要性を感じないことでも、将来にさまざまな可能性があることを考えると、それが役に立つことも多いはずです。社会に出て、その場になって、もっとあの時にしっかりと勉強しておけばよかったと思うことが多いのが現実です。将来、自分がやりたいことを多少なりとも具体的に考えたとき、そのために必要なこと、知りたいこと、そして学ぶ必要があることは山と思いつくはずです。

85 教育は教える者と学ぶ者の共同作業

教育は教える側と学ぶ側が、ともに努力して初めて大きな成果が挙げられる。

教育は教える側の教員（教師）から学ぶ側の学生（生徒）へ一方的に与える形になりやすいことがあります。確かに教員は教える内容に精通し、これを学生に提供して教えるのです。しかし、それを学生が受け止めてくれなければ教育になりません。したがって、学生が受け止めやすいように内容や教え方を工夫する必要があります。一方、学生もしっかり受け止める意欲を持つ必要があります。さらには、知りたいことを引き出す「知的好奇心を持つ」ことが大事です。おもしろくないから、分かりにくいからと、理解しようとする努力もせずに聞く耳を持たなければ、教育が成り立ちません。興味が持てるよう、分かりやすいようにすることは教員が努力すべきことですが、落語や漫談のように聴いてすぐ笑えるようにはいきません。理解できるには努力が必要です。しかし、理解できれば、「分かった」という大きな喜びと達成感が得られるのです。山登りで、登る間は苦労が必要ですが、登り切ることができれば、すばらしい眺望と達成感が得られるのと同様です。おもしろくないとき、分かりにくいときは質問をするのです。知的好奇心を持てば、知りたいこと、質問したいことは自ずから出てきます。授業では教員の力の一部しか示されません。質問をすることによって、隠れていた力を引き出すことができます。教員からその持つ力をできる限り引き出して学び取ることが大事です。「学問に王道なし」（ことわざ）。

86 学んだ上で、新しいことを生み出すところに進歩がある

学んだことそのものでは解決できないとき、修正したり、さらに新しいことを自分で付け加えることによって、課題解決の道筋を見いだすことができ、そこに進歩がある。

学ぶことが生きていく上で欠かせないといっても、学んだことがすべて正しいとは限りません。間違ったことを真実と信じて行動すれば、それは事実と合わないのですから、問題を解決できず、失敗に終わります。現実と照らし合わせて検証していくことが必要です。また、人生は単純ではなく、さまざまな因子が関係し、また状況や条件が異なりますから、学んだことそのものでは解決できないことも多いのです。状況・条件の違いに応じて修正して適用する必要があるのがむしろ通常です。しかし、それでも解決できないことも多くあります。まだ学んでいないことも多いから、さらに学ぶことによって解決できるかもしれません。しかし、今までにないまったく新しい課題に直

面することもあります。そのようなことの解決には自分で新しいことを生み出す必要があります。学んだことを土台にして、それを乗り越えた何か新しいことを自分で付け加えることによって、課題解決の道筋を見いだすことができます。しかし、新しいことを生み出すこと、創造することは簡単でありません。簡単であれば、すでに以前にやられているでしょう。創造には努力が必要です。「学びて思わざれば則ちくらし」（学んでも考えなければ真の内容は身に付かない）（孔子）。

87　教育で大事なことは本質、学び方そして生き方

個別に具体的に学ぶ中から、その奥に潜む本質をつかむことが大事である。そうすれば、少ないことから多くのことを理解でき、対象や条件が変化しても応用できる。

初めは、個別に具体的に学ぶことが必要です。それは実感でき、分かりやすいからです。しかし、そのような個別的・具体的知識の寄せ集めに止まっていると、知識の量ばかり増え、発展性に欠けます。それは同じ対象・同じ条件の下では使えますが、対象や条件が変わると、応用が利かなくなります。具体的に現れた現象の奥に潜む本質をつかむことが大事です。本質をつかめば、少ないこ

とから多くのことを理解できるとともに、対象や条件が変化しても応用できます。使える範囲が格段に広がり、大きな発展性を持つことができます。

また、必要な物事について、個別的、現象的、具体的な知識を集め、整理して、本質を把握するに至る学び方も極めて重要です。そのような学び方を会得すれば、さまざまな対象に適用してそれらの本質を把握することができ、学んだ本質的知識は生きた知識体系となって大きな力を発揮できます。

さらに言えば、先人の築いてくれた知識・智恵に謙虚に学び、さらにそれらを発展させて生活に生かしていこうという生き方が大事です。

88 生涯いつでもどこでも勉強

勉強する機会は、学校や大学などに在学しているときだけではありません。社会に出てからでも、定年になってからでも機会はあります。また、学校や大学などの教育機関で授業を受けることに限りません。人生いつでもどこでも勉強する機会があります。大事なことは常に勉強する意欲を持つことです。

第13章 科学技術と宗教について

89 科学技術は諸刃の剣、使い方が大事

科学技術は、人びとの生活の向上、病気の治療、食糧増産などに多大な貢献をしてきた一方、兵器や環境汚染ももたらした。人びとに幸せをもたらすようにチェックが必要である。原子力は、発電、医療、研究などで貢献がある一方、核兵器、安全性、放射性廃棄物、資源の偏在などの大きな問題を抱えている。

科学を実地に応用して、人間に役立てようという科学技術は、実際に人間生活に多大な影響を与え、そしてその影響は今後ますます大きくなるでしょう。しかし、科学技術が本当に人間を幸せにするのに貢献するかどうかは、その使い方次第です。科学技術は、そのほとんどは人びとの生活に

役立てるために開発されてきたし、確かに人びとの生活の向上に多大な貢献をしてきました。しかし、同時に武器・兵器として用いられ、実に多数の人びとを殺傷もしました。科学技術は医薬品や医療機器として病気を治し、人びとを健康で長寿にするのに大きな貢献をしてきましたが、逆に副作用などによって病気を招来した場合もあります。肥料や農薬の開発・使用によって食糧増産が可能になった一方、環境汚染も発生しました。科学技術は私達の生活向上に欠かせないものであり、その発展に力を注ぐと同時に、それが本当に人びとに幸せをもたらすようなシステムを作り、それがきちんと働くようにチェックする必要があります。

原子力は、科学技術の諸刃の剣の代表例と考えられるかもしれません。原子力は、原子爆弾として広島・長崎で用いられ、多数の人びとを殺傷し、その後も原爆症で苦しめてきました。さらにより強力な水素爆弾が開発され、小型のいわゆる「使いやすい」核兵器も開発されてきています。現在、全人類を何十回以上も殺傷するにたる核兵器が蓄えられているといわれます。核兵器を持つことによって相手の攻撃意欲を阻止できるとする「核抑止論」があります。これは核兵器開発を誘発し、常に核戦争の危険をはらんだ不安定な状態に置くものです。核戦争を防ぎ、人類絶滅・地球破壊を防ぐには、核兵器廃絶が必要であることは明らかと思われます。

一方、原子力の平和利用については、原子力発電、医療や研究への利用などがあります。医療や研究への利用は多方面で行われ、多くは多大な成果を挙げてきていると思われますが、常に事故による重大な傷害などの危険があり、厳重な管理が要求されます。原子力発電は日本やフランスなどでは発電量のかなりの割合を占めています。「原子力発電は炭酸ガスを発生せず、地球温暖化の防止に貢献する」との考え方があります。確かに、原子力発電自体では、炭酸ガスを発生しませんが、原子力発電を行うのに必要な資材を製造したり、使用するに当たっては、炭酸ガスの発生を伴うものも多いので、それらを含めて考える必要があります。原子力発電における大きな課題は「安全性」であり、事故が起こったときの大きな被害・影響を考慮し、事故を未然に防がなければなりません。もう一つの大きな課題は「放射性廃棄物」の処理であり、この問題は解決されておらず、放射性廃棄物が多量に溜まってきています。これは、人の一生では終わらず、何十世代にもわたる後の世代に負の遺産を残すことになります。さらに問題は「ウラン資源の偏在」であり、日本はそのほとんどを輸入に頼る最大のウラン輸入国です。

また、「核融合」が無尽蔵の水を使って、放射性廃棄物もなく、無限のエネルギーが得られる技術として長年研究されてきましたが、未だにまったく見通しは立っていません。現在最も実用化に近いとされる技術では、放射性の三重水素を使うもので、そのためにはリチウムなど偏在した資源が必要であり、安全性や資源についても大きな不安が残ります。核融合技術が完成して、人類が無限のエネルギーを使い始めたらどうでしょうか。地球は太陽から太陽光としてエネルギーを受けとる一方、放射熱としてそのエネルギーを周囲の宇宙空間に放出して、微妙なエネルギーバランスを保っています。無限のエネルギーを人類が使ったら、このエネルギーバランスが崩れるでしょう。現在の原子力発電も新たなエネルギー発生源ですが、これをやたらに拡大することには「エネルギーバランス」の問題が生じます。

90 科学技術は利用目的だけでなく、多面的に評価する

科学技術を生活に役立てようとするとき、利用目的や急性毒性などはよく調べても、それ以外はよく調べないまま利用され、後で重大な環境汚染を引き起こす例は多い。慢性毒性のようなすぐには把握できない性質も、多面的に検討してから用いる必要がある。合成物質が環境に放出されるような、管理できない利用は慎むべきである。

例えば、フロン（クロロフルオロカーボン）は化学的に安定で不燃性であり、無色無臭・低毒性で使いやすいことから、洗浄剤・冷媒・スプレー用ガス・発泡剤などとして、電子工業・各種製造業・クリーニング業、家庭などで広く用いられました。また、ＰＣＢ（ポリ塩素化ビフェニル）も化学的に安定で、脂溶性・不燃性・電気絶縁性に優れることなどから変圧器やコンデンサーの絶縁油・

熱媒体・複写紙の可逆剤などとして広く用いられました。しかしその後、フロンは大気中に放出されたものが、その安定性のために成層圏まで上昇し、そこで強力な紫外線のために塩素ラジカルを遊離し、それがオゾンを触媒的に分解してオゾン層を破壊することが指摘されました。さらに、実際に南極上空にオゾン濃度が低いオゾンホールができていることが明らかになり、その原因とされるフロンの製造・使用が禁止されました。また、熱媒体として用いられたＰＣＢが食用油に混入して、それを摂取した人たちに悲惨な中毒を起こしたカネミ油症事件が発生し、さらにＰＣＢの環境汚染や発ガン作用があることなどが指摘されて、ＰＣＢの製造が禁止され、使用も限定されました。

科学技術を人びとの生活に役立てようとするとき、一般にその利用目的や使いやすさ・急性毒性などについてはよく研究され調べられますが、それ以外のことについてはあまりよく分からないまま利用に移されることが多いのです。たとえば、ＤＤＴやＢＨＣは蚊やノミなどを駆除して、それらが媒介する感染症などを防ぐのに絶大な効果があるとして、一時広く多量に用いられました。しかし、その後これらの発ガン性などが指摘されて、使用が禁止されるようになりました。このようなことは他にも数多くあります。急性毒性はすぐ影響が現れて調べやすいので、よく検討されますが、発ガン性・変異原性などの慢性毒性はすぐには分かりにくく、十分に検討されていないことが多いのです。

天然にはない合成物質の利用に当たっては、利用目的に関する性質だけでなく、慢性毒性のようなすぐには把握できない性質についても、多面的に十分検討してから用いる必要があります。特に、フロン、PCB、DDT、BHCなどのように、その物質が環境などに放出されるような、管理できない利用は厳に慎むべきです。

一方、天然物質なら何でも安心かといえば、そうではありません。たとえば、一酸化炭素は天然に存在しますが、毒性は非常に強いのです。日本の山野に自生するトリカブトに含まれるアコニチンなどのアルカロイドは猛毒です。天然物質であって長く用いられてきたものであれば、慢性毒性についてもある程度のチェックはなされていると見られます。しかし、今までとまったく異なったところに用いる場合には、今まで分からなかった影響が出る可能性もあり、天然物質についても多面的な検討は必要です。

91

さまざまな宗教・宗派の存在は見方の多様性を示す

キリスト教、イスラム教、仏教、神道などさまざまな宗教が信仰され、それぞれ多くの宗派がある。「神の啓示」「仏の教え」であっても受け取る側は人間だから、それぞれの時代・地域・人生経験などによってさまざまな受け取り方・見方があることを示している。

現在世界中では、キリスト教、イスラム教、仏教を始めとして、さまざまな宗教が信仰されています。日本では神道が古くからあります。また、キリスト教の中にもカトリック、プロテスタントなどがあり、イスラム教にもシーア派、スンニ派など、仏教にも東南アジアなどで信仰されている小乗仏教と日本などの大乗仏教があります。これらの中に、さらにいくつかの宗派があります。日本の仏教にも臨済宗、曹洞宗、真言宗、日蓮宗、浄土宗、浄土真宗など数多くの宗派があります。また、数多くのいわゆる新宗教も生まれていますし、さらにカルトといわれるものもあります。このことはこの世に対する見方の多様性を示しています。

宗教は、教祖とされる人がそれぞれの時代に、それぞれの地域で生きた中でくみ取った真実と信じたことや人びとの生きる道であると考えたことを整理して教えとして広めたものでしょう。それには、現代に生きる私たちにとっても生きる支えとなったり、生活していく上で欠かせないような大事な智恵も含まれているでしょう。しかし、注意すべきは、宗教と科学との違いです。科学は客観的な事実や実験によって証明され、検証されて組み立てられていますので、統一的な見方に至る道があります。それに対して、一般に宗教では、そのような客観的な証明・検証なしに、ただ信じることを求められます。ときには、「奇跡」などが持ち出されることがありますが、客観的に証明されるものではありません。つまり、信じるか信じないかによって考え方が分かれ、統一に至る道は用意されていませんので、さまざまな宗教・宗派が生まれ存在することになります。

このようなことから、科学と同様特定の宗教・宗派の教えを完璧なものとして絶対視することは避けたいものです。たとえ「神の啓示」「仏の教え」とされるものであっても、それを受け取り、教えを広める人は人間なのですから、一〇〇％完璧とはいかないはずです。それぞれの時代、それぞれの地域、それぞれの人の人生経験などによっていろいろの受け取り方があるはずです。実際に、各宗教の間だけでなく、一つの宗教が弟子たちによって受け継がれていく中で、時代や地域そして人の変遷の中で、その教義も変化し、多くの宗派が生まれています。多様な見方を認めることによって、宗教が絡む争いを防ぐことができます。

92 終末論を強調したり、多額の寄付を求める教団には近づかない

宗教に関心を持つ若い人は比較的少ないと思われますが、大学生の中にも悩み事をきっかけに誘われたり、教祖の持つとされる「特別の力」に興味を持ったりして、特定の宗教にのめり込む人もあるようです。特にカルトといわれるものの中には、重大な犯罪に走った、かつてのオーム真理教のように、この世の終わりが近づいているという終末論を振りかざして、今信者にならなければ救

われないと言って、入信させようとする場合があります。世の終わりが近づいているという客観的な証拠があるわけはなく、信者を拡大するための手段として、危機感をあおっているのです。やがて、終末が近づいているという予言ははずれ、それは教祖の「特別の力」や教団に対する不信感を生みますから、それを避けるために、オーム真理教は地下鉄サリン事件を引き起こしたように思われます。

また、人の悩みや弱みにつけ込み、苦しみや不幸を避けるためと称して、多額の寄付を要求するものもあります。その寄付金で教団の象徴として巨大建造物を建てたりするのです。そのとき、何人かの人が信仰の証として多額の寄付をしたことによって、苦しみや不幸が奇跡的に避けられ、幸せになったという話がなされることが多いでしょう。大きな苦しみや不幸を避けられるなら、多額の寄付も惜しまないと考える人もいるかもしれません。しかし、多額の寄付をしたからといって、苦しみや不幸を避けられる保証などまったくありません。何人かの人が苦しみや不幸を避けられたことが、たとえ本当だとしても、それが多額の寄付と因果関係があるという証明はできないのです。そもそも、お金を出す先は、苦しみや不幸を避けてくれるはずの「神様」ではなく、多額の寄付を要求している教祖や教団だからです。

終末論を振りかざしたり、多額の寄付を要求する教団には近づかないことです。

第14章　社会と政治について

93　政治の目的は納得できる世の中にすること

今日の政治の本来の目的は、人びとの助け合いがスムーズに行われるためのシステムを作り、お互いに納得ができることが行われ、より良い生活が実現されるようにすることである。

人は一人では生きていけませんから、私たちは社会を作って互いに助け合って生きてきました。専制君主の時代には、君主は自らの支配が貫徹されるように政治を行ってきましたが、今日私たちが手にしている民主制では、政治の本来の目的は何でしょうか。国民（成人）は、国会議員や自治体の首長・議員などを選出するとともに、税金・納付金などとして政策や行政の実行に必要なお金を納めています。これは国民（成人）の権利であり、義務ですが、それはより良い生活が実現されるようにするためです。そのためには、政治は人びとの助け合いの活動がスムーズに行われるためのシステムを作る必要があります。そして、人びとの努力が正当に評価され報われるように、お互いに納得ができることが行われる世の中にする必要があります。これらを実現することが政治の本来の目的と言ってよいでしょう。

多くの人々にとって、努力しているのに生活がよくならず、その一方で、大したことをしていないのに巨額のお金を稼ぐ人もいる、働いて助け合いの輪に入ろうとしても、その場所が見つからない、何とか働く場所が見つかって一生懸命働いてもあまり報われないというようなことが起こるとすれば、政治がうまく機能していないことを示しています。適切な働き場所が見つけられ、努力が正当に評価され、納得できることが行われるようなシステムを作り、きちんと機能させることが必要です。そのために果たすべき政治の役割と責任は大きく、そのように機能するよう私たちは監視し、また努力する必要があります。

94　英雄でも独裁は危険

英雄であっても、人間である限り間違いはあり、絶対権力を任せれば、チェック機能が働かず、暴走する危険があり、犠牲を生む。

英雄の出現を望み、その人に重要なことの決定を任せれば、世の中はうまくいくという考え方があります。世の中には英雄の名にふさわしいような優れた人、聖人の名にふさわしいような高潔で立派な人もいるでしょう。その人は、その優れた行為、立派な行為によって高く評価され、賞賛されてしかるべきですが、だからといって、他のこともすべて優れているとは限りません。英雄であっても、偉人・聖人であっても人間である限り間違いはあります。あることに優れているといっても、他のことに優れているという保証はありません。ある時すばらしい判断をしたからといって、いつもすばらしい判断ができるとは限りません。英雄・偉人・聖人であっても、最初からそうであったわけではありません。また、そのように言われるようになった後でも、状況や時代の変化、本人自身の変化があるので、間違いのない判断が常になされる保証はありません。

だから、特定の個人が絶対的権限を持つこと、つまり独裁は、いかに優れた政治家であっても、また英雄・偉人・聖人であっても、危険で良くないと言えます。いかに優れた人間であっても間違いはあり得るからです。間違うことがあることを念頭に置いて対処すべきであり、必ずチェック機能が必要です。しかし、独裁ではチェック機能が働かないのです。英雄に頼るのでなく、国民の力で世の中をよくする必要があります。

独裁者も初めは民衆の心を巧みにつかみ、支持を得て登場します。演説がうまいからといって良い政治をするとはいえません。演説と施政とは別です。権力を持つと、自分の思うように事が動くから、権力におぼれやすいのです。独裁者が権力を持つと、誤ったことにもブレーキが効かず、暴走して多大な犠牲を生みます。

権力を持ち続けると必ずおごりが生まれ、腐敗を生じます。「権力を持つ者はすべてそれを乱用する傾向がある」（モンテスキュー）。権力を持つ者は「その者に支配されない者への交代」が必要です。そうすればチェック機能が働きます。権力が強力であればあるほど、重要事項であればあるほど、権力から独立のチェックシステムが必要です。チェック機能が働くよう監視するのは国民の責任です。

95　民主主義は一人ひとりが賢くならなければ実現できない

民主制でも、国民が本当に幸せになれるという保証はない。多数の者でも正しい判断ができるとは限らない。民主主義は、構成員の意志に基づいて社会のあり方を決めるので、一人ひとりがしっかりした考えを持ち、それに向けて努力しないと実現できない。

民主制の下で、選挙によって代議士を選出したとしても、それで本当に国民が幸せになる政治が行われるという保証はありません。うまく機能しない要因は数多くあります。多数の者でも正しい判断ができるとは限らず、間違いもします。選出した代議士が国民の幸せのためにきちんと働いてくれない場合もあります。だから、民主制では立法・行政・司法の三権分立や、衆議院・参議院の二院制などのチェック機構を取り入れました。それでも間違いはあり得ますし、実際その働きがしばしば不完全です。いわゆる民主政治下であっても、振り返って検討してみると、幾多の誤った施策が行われました。

しかし、間違っていればそのうち自分たちの身に苦難が降りかかってくるから、やがて気が付くはずですし、そうすれば修正される可能性もあります。多くの目でチェックし、さまざまな考え方が議論されれば、間違いを正す機会が生まれるはずです。しかし、これは希望であって、その実現には国民の政治に対する関心と努力を必要とします。それを怠れば苦難が待っています。民主主義は、構成員の意志に基づいて社会の仕組みを作り、動かしていこうというわけですから、構成員一人ひとりがどのような社会にしたいかについて、しっかりした考えを持ち、それに向けて努力しないと実現できません。政治家に丸投げしたり、役所に任せ放しにしたり、目先の利益に目を奪われているのでは、民主主義は実現できませんし、本当に生活しやすい社会にすることは難しいのです。

96 法律は社会生活を守り、スムーズに動かすためのものであるが、不完全

法律は、社会生活を守りスムーズに動かすために規範として取り決めたものであるが、完全ではない。人びとの助け合いの社会生活が行われることが重要であって、そのために必要なことは法律に規定されていなくても守るべきである。また、憲法は公権力の行動を規制する基本法であり、権力の乱用を規制できない憲法は基本法の役割を果たせない。

民主制の下では、法律は人びとの社会生活の規範として、取り決めたはずのものであり、社会生活を守り、スムーズに動かすためのものです。しかし、その法律も人間が作ったもので、完全ではありません。不完全なところが見つかれば、速やかに修正すべきです。しかし、現実にはなかなか修正されません。たとえ修正されても不完全さが残ることが多いのです。法律の不完全な条文をそのまま機械的に適用するのでなく、「社会生活をスムーズに動かす」という、その本来の目的・意図に沿って運用される必要があります。法律の不完全な条文のために、その法律の本来の意図に合わないことを適用してはなりません。その本来の目的・意図に沿って運用するために裁判所があります。

「法律の条文に規定されていないことなら、法律に触れないなら、何をしてもよい」という考え

方があります。しかし、これは本末転倒です。法律は万能ではなく、法律がすべてではありません。人びとの助け合いの社会生活が行われることが重要であって、そのために必要なことは法律に規定されていなくても守るべきです。法律はそれをスムーズに行うための強力ではありますが、一つの手段です。

憲法は国の法秩序の頂点にある最高法規で、その変更は最も困難な手続きでされるものです。「権力を持つ者はすべてその権力を乱用する傾向がある」のは、その方が自分の思うように動かすことができ、はるかに楽であるからです。そこで、民主制ではその乱用を規制するものが憲法などの基本法です。だから、権力者はその規制をゆるめ、さらには逆に国民を規制するように、憲法を変えたがるものです。したがって、憲法は権力者が容易には変えられないようにしなければ骨抜きになってしまいます。権力の乱用を効果的に規制できない憲法は、基本法の役割を果たさず、役立ちません。

第15章 平和と戦争について

97 戦争に勝者はなく、ただ敗者のみ

いわゆる戦勝国といえども、多くの国民の命を失い、莫大な戦費を費やして得たのは、相手国民の恨みと犠牲になった自国民の悲しみである。さらに、これだけの人とお金を生活や相手国との協力のために使ったなら、得られたはずの豊かな実りを失ったのである。

地球上の生物は皆同じ祖先を持つ地球生物家族ですから、人類は皆非常に近い兄弟姉妹であるのに、人類の歴史を見ると、これまで数多くの戦争が繰り返され、今なお戦争が絶えません。そして、どちらが勝って、どちらが負けたと言われます。スポーツでは確かに勝敗があり、同じように考えるのかもしれません。しかし、スポーツの場合は両者に等しく適用されるルールがあります。命を

傷つけたり、奪ったりするものではありません。格闘技では相手を苦しめたりすることはありますが、それは一時的なものであり、直に回復される程度のものです。しかし、戦争にはそのようなルールはなく、多くの命を奪い、際限なく施設・国土を破壊するのです。これらは回復不可能です。これまでの戦争の結果が証明するように、いわゆる戦勝国といっても大きな犠牲を払っています。戦争のために多くの自国民の命を失い、莫大な戦費を注ぎ込んで沢山のエネルギーと資源を費やしました。そうして得たものは、多くの命を奪われ施設・国土を破壊された相手国民の恨みと、戦争によって犠牲となった自国民の悲しみです。負けた国から、領土や財産を取り上げたとすれば、それに倍増する相手国民の恨みを受け続けます。負けた国の国民の生命・財産の損失と悲惨さは言うまでもなく、それらが大きければ大きいほど、受ける恨みも大きくなります。勝ったと言われる側でさえ、戦争によって失ったものは得たものよりはるかに多いのです。勝ったというのは現実を無視した錯覚であり、戦争に勝者はいません。いるのは敗者のみ、著しく負けた国とそれよりは少なく負けた国です。

それだけではなく、戦争に駆り出された人と使われたお金を生活のため、平和のために使ったなら、みんなの生活はもっと豊かになったはずです。相手国と戦争をする代わりに、協力し合ったら、もっとすばらしいことができ、豊かな実りができたはずです。この豊かな生活と実りを戦争のために手に入れることができなかったのです。

人びとはパイの分け前を巡って争うけれども、争えばパイの大きさは小さくなり、協力し合えばパイの大きさは大きくなるのです。戦争で失ったものは、どちらの国も極めて大きいのです。戦争で「勝つ」ことより、平和で協力し合うことの方がはるかに得るものが大きいのです。「良い戦争、悪い平和なんてあったためしがない」（ベンジャミン・フランクリン）。

98　戦争は文明の起源ではなく、人びとの協力と交易こそ文明を育んだ

戦争が文明の起源とする説に反し、砦や武器がなく、多数の交易品を持つ古代遺跡の存在からも言えるように、戦争は文明の必須物ではなく、人々の協力を拡大した交易こそ文明の必須物である。

古代文明の遺跡から、しばしば武器が出土することから、「戦争こそが文明の起源である」（シカゴ博物館ジョナサン・ハース・クリル博士）との説があります。戦争のために、より強力な武器を作り出したのが文明を発展させたとの見方があります。しかし、アメリカ大陸最古の遺跡ペルーのカラル（Caral）遺跡（BC2600年頃，エジプトのピラミッドと同時期）では、砦も武器もありませ

んでした。さまざまな品物がペルー各地からカラルに集められていました。戦争ではなく交易が文明の発展過程で重要な役割を果たしたのです。戦争がもたらすのは、殺人と文明が作り上げた物の破壊です。それが文明の起源であるはずがありません。それに対し交易は、それぞれの得意なもの、豊富にあるものを互いに交換するものであり、それによって人びとの生活をより豊かにすることができます。戦争は文明の必須物ではなく、人びとの協力とその範囲を飛躍的に拡大した「交易・人びとの交流」こそ文明の必須物であり、文明を育んだと考えられます。

99 攻撃は最大の防御ではなく、最大の負債

「攻撃は最大の防御」という考え方は、武力だけで勝敗が決まるという一面的見方で、先制攻撃された相手国民の激しい怒りを買って団結させ、やがて激しい反撃に遭って戦いは長引き、得るものは、多数の命の犠牲と国土の破壊、相手国民からの憎しみである。

「攻撃は最大の防御である」という兵法の考え方があります。先に攻撃して相手の武力を叩けば、こちらを攻撃する力が大きく低下するから、最大の防御になるという理由です。これは、戦いをす

ることを前提とし、しかも武力だけによって勝敗が決するという一面的見方に立っています。相手より先に攻撃するのですから、戦争を始めた「侵略者」「侵略国家」になるわけです。それは、日本の真珠湾攻撃に対するアメリカ国民のように、相手の激しい怒りを買い、相手を団結させることになります。圧倒的な軍事力によって、一気に相手を屈服させたとしても、隠れた抵抗は長く続くでしょう。同じような、あるいは劣った軍事力であれば、緒戦は優位を獲得したとしても、やがて強い反撃を受け、戦いは長引く可能性があります。このようなことに、どんな利益があるのでしょうか。得るものは、多数の命の犠牲と国土の破壊、国民の疲弊、そして相手国民からの恨みと憎しみ、つまり「最大の負債」です。

100

平和を守る最強の力は、諸外国との相互理解

外部からの侵略を防ぐには、諸外国との相互理解によって、侵略の可能性を減らすことが第一に重要である。にもかかわらず、指導者が誤った判断で始めた侵略に対抗する武力は、専守防衛に徹し、他国に脅威を与えない必要最小限に止める必要がある。軍事力は負の財産で、少なくて済むほどよい。

外部からの侵略に対して国を守るためには、相当程度の軍事力が必要であると考える人は多いかもしれません。ここで考えるべきことは、外部からの侵略の可能性と、万一侵略があったときの対抗手段です。外部からの侵略がなければ問題は発生せず、軍事力も必要ではありません。すなわち、国を守るために第一に考えるべきは、外部からの侵略の可能性を減らすことです。そのためには、諸外国との平和友好、各国国民との相互理解の推進が何より重要です。平和友好と相互理解に基づいて、双方にとって利益になること、交易・交流などをお互いに協力して行っていけば、双方とも得られることは極めて大きいのですから、軍事力で対抗する必要はありません。

それは理想であって、現実には丸腰で軍事力を持たなければ何時攻められるか分からないとの懸念が持たれるでしょう。確かに、現実には利害の対立・あつれきがあり、歴史的経過や正確な情報の不足による不信感もあります。軍事力によって、意志を押し通そうという国の指導者が現れないとは限らないかもしれません。人間は間違いをするということを考えると、指導者や指揮官がそのような誤った判断を絶対しないとは断定できないでしょう。

そのような場合にどんな対抗手段があるでしょうか。一つには、物理的に侵略を阻止できる軍事力があります。しかし、軍事力を大きくし過ぎると、逆に相手が脅威を感じて、その軍事力を強化する軍備拡張競争をもたらします。相手国に軍事力強化の口実を与えないためにも、専守防衛に徹し、他国に脅威を与えないよう必要最小限に止める必要があります。注意しなければならないのは、軍事力は負の財産であることです。強力な軍事力を持っているからといって、国民の生活が豊かになるわけではありません。むしろ膨大な軍事費の負担により、国民の生活が犠牲にされます。軍事費は少なくて済むほどよいのです。

しかしそれだけでなく、情報力が重要です。守る力が強力であること、その侵略は大きな犠牲を伴い、いかに無謀であるかということ、逆に互いに軍事費を減らせば予算を生活向上に向けられること、友好関係を築けば交易拡大・相互協力により大きなメリットがあることをその指導者と国民に知らせることです。このような情報は日頃から発信しておく必要があります。すなわち、相互交流・相互理解が欠かせないのです。

■著者紹介

岩附　正明（いわつき　まさあき）

1939年愛知県生まれ。山梨大学名誉教授。1962年名古屋大学工学部応用化学科卒業。1964年名古屋大学大学院工学研究科修士課程応用化学専攻修了。工学博士。日本碍子（株）（現日本ガイシ（株））研究所主任、山梨大学工学部講師・助教授・教授などを歴任。分析化学の教育と状態分析法・超微量成分分析法及び環境分析法の研究に携わる。主な著書に「通信教育：入門・機器分析講座 No.8 X線分析」（日刊工業新聞社）「図解・分析化学の実験マニュアル—省試薬利用から分析データの取り扱い方まで」（岩附正明・太田清久編著、日刊工業新聞社）「機器分析の事典（71 粉末X線回折計）」（日本分析化学会編・分担執筆、朝倉書店）などがある。

充実した大学生活のために

— 先人の智恵に学ぶ —

2009年4月20日　初版第1刷発行

■著　　者——岩附正明
■発 行 者——佐藤　守
■発 行 所——株式会社大学教育出版
〒700－0953　岡山市西市855－4
電話(086)244－1268㈹　FAX(086)246－0294
■印刷製本——サンコー印刷㈱
■装　　丁——ティーボーンデザイン事務所

ISBN978－4－88730－886－2